飛鳥・藤原の歴史と遺産 上

宮都の建設と生活

木下正史

吉川弘文館

目次

プロローグ

飛鳥・藤原の遺跡の価値を見なおす

飛鳥・藤原の地は、新しい発掘の成果でいつも騒がしい。『日本書紀』などに記された天皇や皇子の宮殿ではないか、飛鳥を舞台に活躍した蘇我《そが》氏の邸宅ではないか。こうした驚くべき歴史情報がもたらされることが決して珍しくないからだ。平成二十二年（二〇一〇）、牽牛子塚《けんごしづか》古墳が八角形墳と確定して、斉明《さいめい》天皇陵であることが明らかになり、大きな話題を呼んだ。飛鳥・藤原の地が人びとを引きつけてやまないのは、こうした新発見を目のあたりにできる機会が多いことが大きな理由だろう。

『日本書紀』などの文献史料は、飛鳥・藤原地域にあった宮都の具体像や、そこでの人びとの暮らしぶりについては多くを語ってくれない。天皇の宮殿についてすら、大きさや内部の構造、役所の場所などなど具体的なことは、ほとんど記載されていないのだ。宮殿の場所や天皇陵の造営地でさえ、はっきりしないものが少なくない。

飛鳥・藤原の地では、昭和八年（一九三三）の石舞台《いしぶたい》古墳の発掘、昭和九年（一九三四）から昭和十八年（一九四三）まで続けられた藤原宮《ふじわらのみや》跡の大発掘以来、戦中・戦後の混乱期の一時期を除けば、毎年、発掘調査が続けられてきた。昭和四十四年（一九六九）からは、それこそ毎日、飛

図1　飛鳥地域全景

鳥・藤原の地のどこかで発掘調査が続けられている。発掘の一鍬一鍬が、地中に埋もれた宮都の実像や飛鳥・藤原京時代の歴史の具体像を今に蘇らせているのだ。九〇年に及ぶ発掘、そして五〇年以上にわたる継続的な発掘によってもたらされ、蓄積された発掘・研究成果には、ずしりと重いものがある。

飛鳥・藤原地域の遺跡は南北八キロ、東西六キロほど、あるいはそれ以上の広域に及んで分布している。いわば、この範囲全体が飛鳥・藤原京の時代に同じ歴史を歩んだ地域なのである。平坦地には、宮殿・寺院・邸宅などが営まれており、宮殿遺跡は同じ場所に幾層にも重層して発見されることも稀ではない。また、宮殿遺跡や邸宅跡は、ごく狭い平坦地でも発見されている。さらに、豪族層の邸宅・寺院などは、飛鳥盆地を取り囲む丘陵傾斜地にも構えられていた。こうした遺跡では、傾斜地を削り、低い方に盛土整地して大規模に土地造成を行って平坦地を造り出し、寺院や邸宅などを構えている。飛鳥地域の土地利用は、徹底したものとなっていたのである。

飛鳥西南方の檜隈《ひのくま》や真弓《まゆみ》の丘陵地は、天皇や皇族などの陵墓の地となり、また、渡来人の居住地・寺院地ともなった。飛鳥・藤原の地は、どこを発掘してもかならず遺構にあたる。全域が一つの遺跡なのだ。

さて、平成十九年（二〇〇七）六月、ユネスコ世界遺産委員会は、「飛鳥・藤原の宮都とその関連資産群」（以下、「飛鳥・藤原」と略す）を世界遺産暫定リストに掲載することを決定した。構成資産の候補地は、明日香村から橿原《かしはら》市・桜井市南部にかけて散在する飛鳥・藤原京時代の国の史跡と名勝の合計二八ヵ所、合計面積一八四㌶に及んでいる。現在、奈良県を中心に、地元の明日香村・橿原市・桜井市が一緒になって早期の「世界登録」に向けて準備を進めていて、「飛鳥・藤原」の価値の明確化、国際的な位置づけ、構成資産の過不足などを中心に検討が重ねられている。

まだ、史跡に指定されておらず、構成資産候補の中に入っていない遺跡にも、たとえば石神《いしがみ》遺跡などのように飛鳥史を復原していく上で、欠かすことのできない重要遺跡がいくつもある。すでに史跡に指定されている遺跡でも、指定範囲が狭く限られていてその保存が十分でなかったり、あるいは発掘調査による解明が不足していて、その価値が鮮明になっていない遺跡も多数ある。牽牛子塚古墳もそうした状況を改善する目的をもって発掘した古墳で、飛鳥時代の天皇陵の実像を明確にする大きな成果が得られた。

いずれにせよ、登録に向けての取り組みの中で、「飛鳥・藤原」の歴史的・文化史的、また国

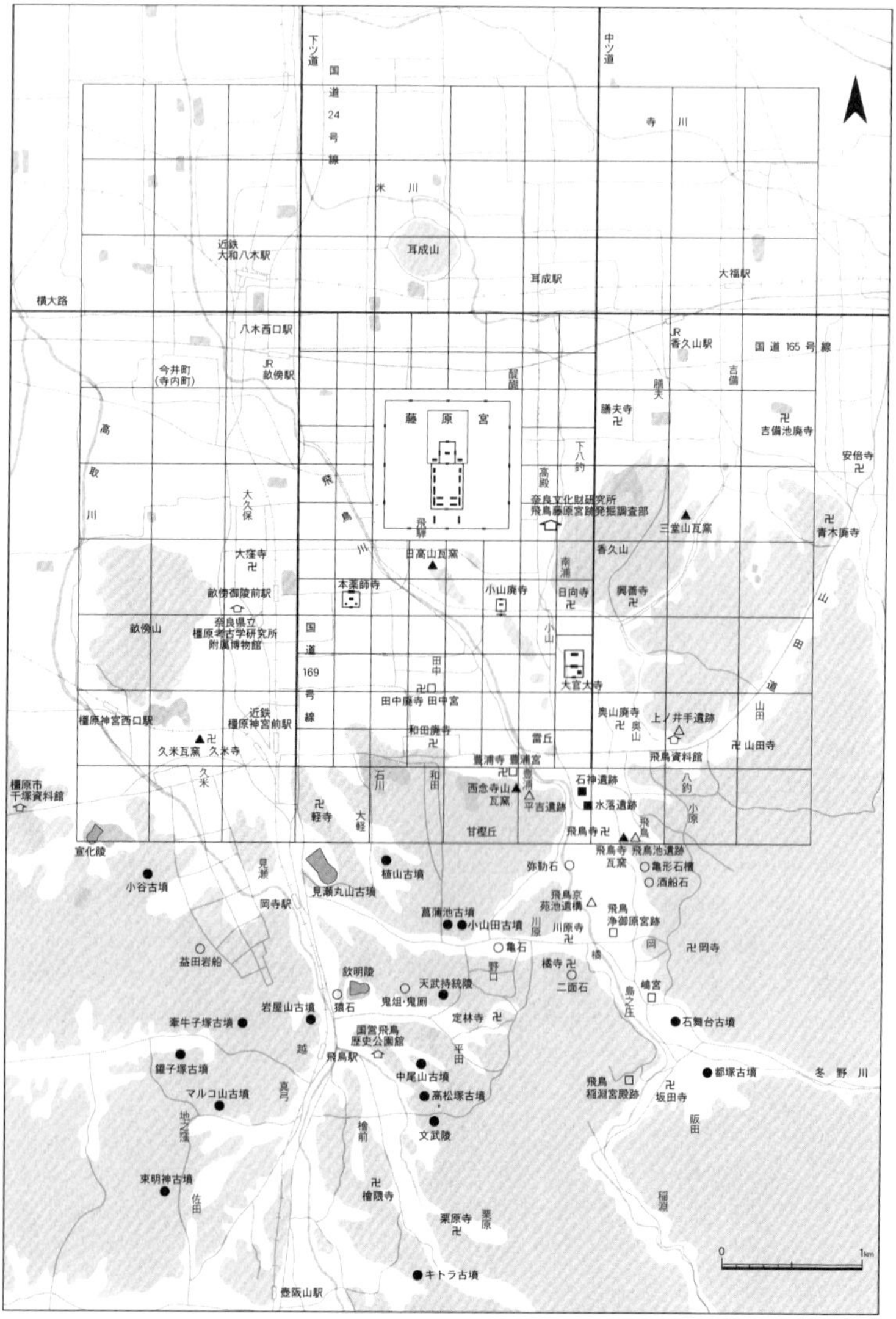

図２　飛鳥・藤原地域の地形と主要遺跡

際的な意義が新しい視点から見直され、多くの新しい意義の発見とともに、その価値がこれまで以上に鮮明になってきた。それは飛鳥・藤原京時代の研究に大きな前進をもたらし、新たな魅力を掘り起こしている。

世界遺産への登録をめざす根幹となる主題は、「東アジア世界の中での国家形成と文明化の過程を詳細に跡づける遺産群」ということになるだろう。飛鳥・藤原京の時代は、隋・唐という東アジアのグローバル・センターが中核となった中国や朝鮮半島諸国との盛んな国際交流を通じて、新しい政治制度・社会制度、思想・信仰、技術・芸術、生活様式など、さまざまな先進の制度や文化を積極的に受け入れていった時代だった。そして、そうした新文化を咀嚼《そしゃく》しつつ、日本の政治・文化の質的転換を図り、伝統的なものと融合しつつ、日本化させながら日本独自の特色をもった国家や政治都市を作り上げていった時代であったのだ。それは明治時代の西洋文明を取り入れた「文明開化」にもたとえられる「古代の文明開化」の時代と言っても過言ではない。

『日本書紀』の中の大化の「薄葬令《はくそうれい》」では、古代中国の『魏志《ぎし》』武帝紀《ぶていき》などを引用しながら、前代以来の伝統である古墳を豪壮に造ること、多くの副葬品を墓に副葬することは文明以前の「旧い愚俗」で、一切やめるよう命じている。国家を成り立たせるためには、「文明化」という社会全体の体質的な変革が必要だというのである。当時の為政者たちは、「古墳時代」から「飛鳥時代」へという変革の時代を、このように明確に認識していた。

「旧い愚俗」である古墳を造ることをやめて、新しく東アジアの宗教・信仰の基軸であった仏教や道教的信仰を受け入れて、これらを国家仏教や国家的祭祀という文明国家の政治の思想的、精神的支柱として位置づけ、整備を図っていった。暦や漏刻《ろうこく》（水時計）の知識・技術、時刻制、天文学、度量衡《どりょうこう》の技術や制度、貨幣の鋳造や貨幣制度、測量・建築などの土木技術、水道・揚水・噴水技術、彫刻・絵画技術などなど、多方面にわたって新知識・新技術を積極的に導入、吸収して、制度・技術革新が進められた。

六世紀の末以来、一〇〇年以上にわたる試行錯誤を重ねて、律令という法令に基づく中央集権的な法治国家「日本国」が作り上げられ、その政治の中心舞台として建設されたのが、藤原宮と最初の政治都市新益京《あらましのみやこ》だった。藤原宮は約一キロ四方の広大な範囲を占め、その中に今の皇居にあたる内裏《だいり》や、国会にあたる大極殿《だいごくでん》・朝堂院《ちょうどういん》、霞が関の中央官庁群に相当する官衙《かんが》群が一体的に配置された。また、宮殿では初めて礎石《そせき》建ち瓦葺きの大陸様式の建物が採用され、本格的な大極殿が創建されるなど、飛鳥の宮殿から大きな飛躍を画した本格的な宮殿が誕生したのである。政治都市新益京も、初めて中国の条坊制《じょうぼうせい》都城の考え方や技術を導入して、東西・南北に通した道路によって碁盤目状に区画した街区を持つ整然とした計画都市が作り上げられた。

文武五年（七〇一）、最初の体系法典「大宝律令《たいほうりつりょう》」が完成する。同年三月には最初の元号「大宝」が立てられ、三十余年ぶりに遣唐使の派遣が決定された。大宝元年という年は、藤原宮と新益京を完成させ、律令法典を作り上げ、施行に移した、まさに文明国家が誕生した画期的な年であったのである。

文武五年の元旦朝賀の儀式は、律令国家の誕生を祝うかのごとく盛大なものだった。元旦朝賀の儀式とは、天皇が貴族・臣下から年賀を受ける天皇の即位式と並ぶ最重要の国家儀式である。儀式の様子は、『続日本紀』の文武五年元旦の記事に特記されている。その記事には、「天皇が大極殿に出御し、大極殿正門前には、中央に三本足の烏形幢《うぎようのどう》、東側に日《じつ》・青龍《せいりゆう》・朱雀《すざく》の幡《ばん》、西側に月《げつ》・玄武《げんぶ》・白虎《びやくこ》の幡を樹て、朝堂院朝庭には貴族・役人・蛮夷の使者などが整列して行った」とあり、「文物の儀、是《ここ》に備れり」、つまり儀式・威儀、学問・芸術、法律に関わる文物の制度がすべて整い、国家の体制はここに至って整ったと、新時代の幕開けを高らかに宣言するものだった。

平成二十八年（二〇一六）、藤原宮の大極殿院正門前で、この時の儀式で立てた可能性の高い幢《どう》幡《ばん》の柱穴が発見されて大きな話題を呼んだ。この頃、国号を従来の「倭国」から「日本国」と名乗るようになり、その最高統治者を「天皇」と呼ぶようになる。「天皇」の称号は、天上の最高神である「天帝」の命を受けて地上の政治を代行するという中国の政治思想に基づく。宮殿の正殿である「大極殿」の名も、「天帝」の住まいである「太極星」（「北極星」）にちなんでいる。天皇を中心とする国家儀式に際して、三本足烏、日月、四神《しじん》の幢幡を立てる政治思想も、古代中国の道教的な宇宙観である「陰陽五行思想《いんようごぎようしそう》」に基づいている。高松塚《たかまつづか》古墳やキトラ古墳の壁画に描かれた四神図・星宿《せいしゅく》図・日月像は、元旦朝賀や即位儀式で立てた幢幡の図像とまったく同じ内容のものである。壁画は、古代国家が飛鳥・藤原の地で確立した頃をわかりやすい形で物語ってくれているのである。

飛鳥・藤原の地下には、こうした歴史の展開過程や技術革新を詳細に跡づけ、証拠だてる遺跡が濃密に、そして重層して良好な形で保存されている。発掘のメスが加えられた範囲はたかだか一〇％程度だろう。発掘調査の進展によって、まだまだ大きな成果がもたらされることは間違いない。飛鳥・藤原の地は歴史・文化の「無尽蔵の宝庫」なのだ。

「世界遺産登録」をめざす取り組みは、飛鳥・藤原の歴史・文化の価値をいっそう高めると同時に、遺産群の保存・活用のあり方を抜本的に見直し、実践していく取り組みでもある。飛鳥では、「明日香法」に基づく整備計画の中で、地下に埋もれた歴史遺産をわかりやすく、また、魅力豊かに体感できるよう「創造的活用」する取り組みが具体化されようとしている。その取り組みは飛鳥をさらに元気づけるだろう。飛鳥の文化遺産は、その地で長年にわたって生活してきた人びとによって良好に残されてきた。地元が生き生きとしていなければ、遺跡や飛鳥の歴史を育んだ歴史的風土の恒久的な保存や、その価値を活かし、次世代に引き継いでいくことは難しいのである。

【初出】　古都飛鳥保存財団『季刊古都』第六八号、二〇一〇年。

第Ⅰ部

飛鳥・藤原京の宮都を捉えなおす

第1章　魅惑する飛鳥・藤原

——文明開化を告げる遺産群——

今、奈良県が中心となって、「飛鳥・藤原の宮都とその関連資産群」（以下、「飛鳥・藤原」と略す）の世界遺産登録に向けて努力が続けられており、私は登録推進専門委員会の委員長を務めている。世界遺産に登録されるには、まず、「飛鳥・藤原」が「顕著な普遍的価値」をもつ資産、つまり人類が共有すべき、かつ世界で他に例のない豊かな価値をもつ資産であることを明確に証明しなければならない。登録に向けての取り組みは、「飛鳥・藤原」がもつ多様な価値を掘り起こし、また、その価値を鮮明にしていくことでもある。本章では、「飛鳥・藤原」の遺産とはどのような価値をもっているのかを中心に、記述したい。

「飛鳥」というと、南北二キロ、東西四〇〇メートルほどの狭い飛鳥盆地を思い浮かべるのではないだろうか。確かに、飛鳥時代の宮都は飛鳥盆地を中心に営まれた。だが、もっと広く、北は耳成山《みみなしやま》のあたり、東は阿部・山田のあたり、南は高松塚《たかまつづか》古墳やキトラ古墳がある檜隈《ひのくま》や南淵《みなぶち》、西は畝傍《うねび》山《やま》のあたりまでの東西五キロ以上、南北八キロほどの広域が、飛鳥と一体の歴史を歩んだ地域だったのである。藤原京《ふじわらきょう》は当時「新益京《あらましのみやこ》」と呼ばれたが、飛鳥人は藤原京を飛鳥の西北方に広がった都と理解していた。飛鳥・藤原地域の地下はすべて遺跡で、しかも遺構は重層しており、一つの巨大遺跡と言ってよいだろう。

さて、「文明開化を告げる遺産群」という副題を掲げたのは、飛鳥・藤原京の時代は、明治の「文明開化の時代」にたとえることができるからだ。飛鳥・藤原京時代の為政者はこのことを明確に認識していた。大化の「薄葬令《はくそうれい》」では、古代中国の知識を借りながら、大きな古墳を作り、多くの副葬品を納めることは、非文明の愚かな習俗で、国家を作り上げるには、愚俗を廃棄しなければならない。文明化という社会改革が必要である、と記している。この「薄葬令」の記載は、古墳文化から飛鳥文化への時代をどう理解すべきなのかを、私たちに教えてくれる。

飛鳥・藤原地域に良好な形で残されてきた遺産は、文明化の過程を詳細に語ってくれる資産であり、そこに大きな価値がある。その意味で、飛鳥・藤原京の時代は、政治・社会改革の時代であり、また、仏教や道教を取り入れ、定着させていった宗教改革の時代であり、新しい文化・知識・技術を導入した文化改革の時代でもあった。

飛鳥・藤原京の時代は、五八八年に最初の本格的寺院・飛鳥寺《あすかでら》の造営を始めてから、七一〇年に平城京《へいじょうきょう》へ遷都するまでの約一二〇年間である。この時代は、激動する東アジア諸国との豊かな交流を通じて、政治・社会制度、知識、技術、文化を積極的に取り入れながら、国づくりを進めていった。外来の新制度や新文化と伝統的なものとの融合を図りつつ、質的転換を推し進めていった時代だった。

飛鳥・藤原地域に良好な形で残されている遺跡群は、文明国家を作り上げていった過程を詳細に語ってくれる資産で、この点に大きな価値がある。また、三世紀の卑弥呼《ひみこ》の時代以来、三〇〇年以上続いてきた「倭国」の呼名から、対外的に「日本国」という国号を名のるようになる。最高統治者の称号も「大王《おおきみ》」から「天皇」という称号を使うようになる。

「質的転換の時代」といっても、「革新」と伝統の「継承」という両側面がある。その内容は他の国には例を見ない日本らしい特徴の根源と言えるだろう。伝統的なものとして引き継がれたものには、大嘗祭《だいじょうさい》・新嘗祭《にいなめさい》、山や大木などに対する自然崇拝、掘立柱《ほったてばしら》式檜皮《ひわだ》葺きの宮殿、歴代遷宮などがある。

大陸から受容した新文化の中で重要なのは、東アジアの共通語である漢文と漢字活用の文化の受容である。漢字を日本語表記の道具として操る文字文化が磨かれていった。そして、政治の道具や命令・情報の伝達の道具として、また、知的活動の道具として浸透、定着し、『万葉集』など文学作品まで生み出していく。

飛鳥・藤原の地は中央集権国家・日本国が誕生し、その記憶をとどめる唯一の場所である。この時代に形づくられた文化は、日本文化の基層となって今も脈々と息づいている。私たちの重要な原点が飛鳥・藤原にあることを見つめ直さなければならない。

一　古墳文化の時代から飛鳥文化の時代へ

前方後円墳は三世紀中頃から三〇〇年間以上にわたって続いた「倭国」という連合国家の政治の形を象徴的に示す存在だった。前方後円墳による大王墓は、飛鳥の西方にある五条野丸山《ごじょうのまるやま》古墳（約三一〇メートル）を最後に築かれなくなる。六世紀末の推古《すいこ》天皇の頃には、大王墓は方墳化して、一辺五〇～六〇メートルほどに小型化する。隋や唐の方墳による皇帝陵の影響である。また、それは推古天皇の薄葬政策に基づくもので、やがて全国各地へと及んでいく。なお、五条野丸山古墳は推古天皇の父欽明《きんめい》天皇と母堅塩媛《きたしひめ》の墓と考えられている。

七世紀中頃、大王陵（天皇陵）に八角形墳が採用されるようになり、それは八世紀初頭まで続く。飛鳥には、斉明《さいめい》陵（牽牛子塚《けんごしづか》古墳）、天武《てんむ》・持統合葬陵《じとうがっそうりょう》（野口王墓《のぐちおうぼ》古墳）、文武《もんむ》陵（中尾山《なかおやま》古墳）が築かれている。八角形墳は中国の政治思想の影響を受けて大王権力の絶対化に向けて創出された墳形である。墳丘の規模も三〇～四〇メートルほどと小型化しているが、同時期の他の古墳は二〇メートルを超えるのは稀になるので、八角形墳が諸墳に比べてより大きく造られていることは変わらない。

遺体を納める埋葬施設の変化は、墳丘の変化とはズレがある。六世紀後半から七世紀前半の大古墳では、自然石の巨石を積み上げた巨大な横穴式石室が盛行しており、石室内には家形石棺《いえがたせっかん》を

図1　石舞台古墳全景

安置して遺体を葬っている。石舞台《いしぶたい》古墳はこうした埋葬施設の代表的存在である。七世紀中頃、切石積み横穴式石室が採用されるようになり、やがて小型化が進んでいく。七世紀後半～八世紀初頭には、百済《くだら》系の石棺式石室が盛行するようになり、漆塗木棺《うるしぬりもっかん》や布を漆で塗り固めて作った夾紵棺《きょうちょかん》に遺体を納めて石室内に運び入れるように変わっていき、牽牛子塚古墳・高松塚古墳・キトラ古墳はその代表例である。棺は、横穴式石室に据え置く家形石棺から、漆塗木棺を石棺式石室へ運び入れる形に変わっていった。副葬品も、金銅《こんどう》製の豪華な品々を大量に副葬する形から、鏡・太刀・硯《すずり》・装身具などを少量副える形に変化していく。

陵墓は、飛鳥西南方の檜隈・真弓《まゆみ》・越《こし》の地に集中して営まれるようになり、「陵墓の地」が成立する。さらに、終末期古墳は谷間の丘陵南斜面に、風水思想に基づいて営まれるようになった。高松塚古墳やキトラ古墳のように、石棺式石室の壁や天井に、四神《しじん》図、日月《じつげつ》・天文図、人物群像などを彩色で描く壁画古墳も登場するが、これは中国・高句麗《こうくり》などの四神思想、天文思想の影響で、東アジアの諸国との密接な交流を示す物証といえる。

　そして、持統天皇は天皇としては初めて火葬され、夫の天武天皇陵に合葬されている。持統天皇の孫の文武天皇も慶雲四年（七〇七）に崩御して火葬されたが、中尾山古墳がその陵である可能性が高く、内法九〇センチ四方ほどの石槨《せっかく》内に火葬骨壺が納められたと推定される。中尾山古墳を最後に「古墳」と呼ぶことができる墳墓の造営は終焉を迎える。なお、中尾山古墳は高松塚古墳から北へ小谷を隔てた丘陵尾根上に立地している。

図2　石舞台古墳の横穴式石室

図3　中尾山古墳の石槨床面

　このように、飛鳥・藤原京の時代は倭国の象徴であった古墳文化が変容し、衰退し、終焉を迎えた時代であった。伝統文化の代表ともいえる古墳文化が変容していく過程は、「文明化」の模索の過程を明瞭に物語っているのである。

二　宮殿構造の変遷と「京」の成立

　宮殿の構造は、大王（天皇）権力が絶対化していく動向、つまり国家の形成状況や官僚制の整備状況と深く関わっている。つまり、時々の宮殿構造は、国家が作り上げられていく過程を具体的に物語ってくれるのである。飛鳥時代初期の推古天皇の豊浦宮《とゆらのみや》・小墾田宮《おはりだのみや》から、七世紀後半の斉明天皇の後飛鳥岡本宮《のちのあすかおかもとのみや》や天武・持統天皇の飛鳥浄御原宮《きよみがはらのみや》へ、そして持統・文武・元明《げんめい》天皇の藤原宮へ至る宮殿構造は、天皇の住居と政治機能が十分に分化していない形態から、政治的機能が分離して朝堂院《ちょうどういん》が成立し、多くの官衙《かんが》が整備されていく過程をたどっている。推古天皇の小墾田宮は、南に朝堂・朝庭にあたる一郭があり、北に天皇が政治をとり、かつ住居でもある「大殿」（内裏《だいり》）の一郭が連なる構造を持っており、すでに難波長柄豊碕宮《なにわのながらのとよさきのみや》・藤原宮・平城宮へと引き継がれていく古代宮殿の中枢部の原型ができあがっていた。

　舒明《じょめい》天皇が六三九年に造営し始めた百済大宮《くだらのおおみや》は、磐余《いわれ》の地に所在が推定できるが、その造営には一年三ヵ月間かかっており、たいへん壮大な宮殿であったようだ。大化改新のクーデター後に孝徳《こうとく》天皇が難波の地に営んだ難波長柄豊碕宮は、面積四六ヘクタール以上と壮大で、宮域の中央部に朝堂院とその正殿、その北に内裏が南北に並び、これら中枢施設の東西に官衙群を配置する整った宮殿であったことが明らかになっている。規模・構造ともに画期的な宮殿で、本格的宮殿の基本形ができあがっており、改新政府がめざした政治改革の有り様を如実に物語ってくれている。

飛鳥宮上層遺構は、六五六年に斉明天皇が営んだ後飛鳥岡本宮跡、そして六七二年に天武天皇が同宮を増築し、持統天皇が六九四年に藤原宮に遷るまで営んだ飛鳥浄御原宮跡と考えられている。

斉明天皇の後飛鳥岡本宮は、政治の中枢施設と内裏にあたる内郭と、官衙を設けた外郭とからなっている。内郭は南区画と北区画とに区分され、南区画の中軸線上に四面廂《しめんびさし》付きの大規模掘立柱建物による正殿が建てられている。この正殿の前庭は全面礫敷《れきじき》で舗装されており、また、正殿南方の東西に朝堂と見られる建物が配置されていた。公的な政治を執る正殿域であったと考えられる。

北区画では、その中軸線上に同規模・同構造の大規模な南正殿と北正殿とが並び、それぞれの正殿の南面はていねいな石敷で整備されていて、天皇による、より私的な政治と、住居にあたる建物群と考えられている。

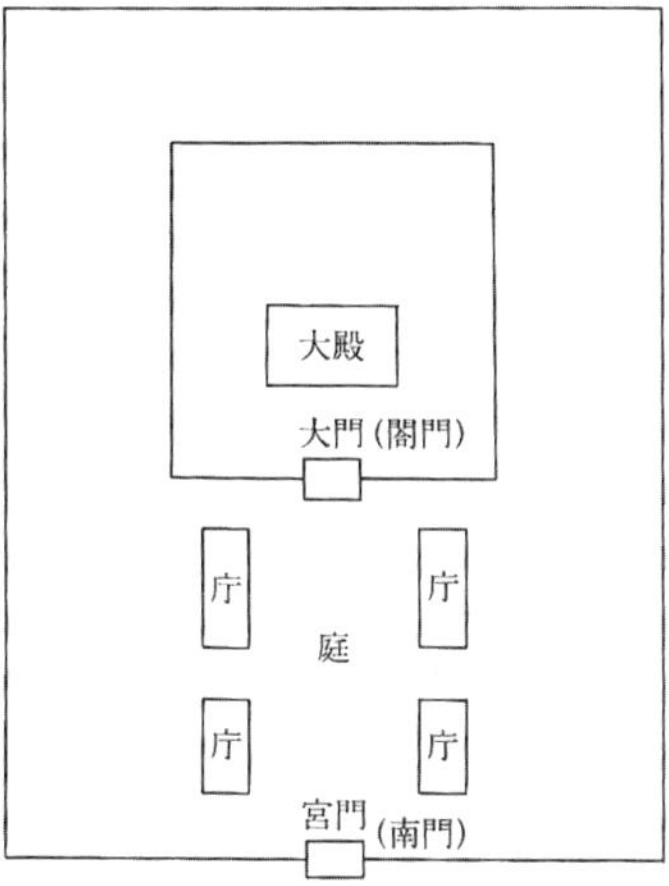

図４　小墾田宮復原図

北区画正殿群の北方や東西には後宮建物が建ち並んでいて、多くが高い高床張りの建物で、建物のない部分はていねいな石敷で埋めつくされていた。外郭でも掘立柱建物が発見され、建物周囲は礫敷で舗装されている。外郭には政治実務を執る官衙施設などが、いくつも配置されていたと考えられる。

六七二年に、天武天皇が営んだ飛鳥浄御原宮は、後飛鳥岡本宮をほぼそのまま利用した「旧宮」と、天武天皇が新たに建設した「エビノコ郭」（発見地の現地名による命名）とその正殿などの「新宮」から成り立っている。内郭の東北隅にある大井戸も、天武天皇が祭祀や儀礼に際して聖水を汲むために新たに設けた井戸と考えられる。

エビノコ郭は内郭の東南方に建設されており、大垣で囲んだ中にエビノコ大殿が独立して建てられている。エビノコ大殿は間口が九間、奥行が五間で、高床張りの飛鳥宮跡最大の宮殿建築である。『日本書紀』の天武十年（六八一）条などに見える「大極殿《だいごくでん》」と記された建物にあたると考えて間違いない。飛鳥浄御原宮は、「大極殿」様建物の成立、内裏正殿の機能分化、内裏外郭に官衙を配置するなど、画期的な宮殿であった。とはいえ、その総面積は二〇ヘクタル足らずで、広い範囲を占めてはいない。「大極殿」も本格的とは言い難いもので、天武天皇のあとを継いだ持統天皇も飛鳥浄御原宮をそのまま引き継いでいる。

飛鳥浄御原宮までの飛鳥の宮殿建築は、もっぱら伊勢《いせ》神宮《じんぐう》の社殿のような掘立柱建物で、屋根には檜皮や板などを葺いた伝統的な建築様式のものであった。古代中国や朝鮮半島諸国の宮殿では、礎石《そせき》建ち瓦葺きの建築が採用されており、掘立柱建物の採用は飛鳥の宮殿の大きな特徴ということができる。

三　官僚制度の整備と官衙

飛鳥の宮殿は、天皇の住居と天皇が政治を行う殿舎を中心に、天皇の日常生活を支える官衙などを付設する程度のものであった。官位制は推古朝の十二階制からしだいに細分化して、天武朝には四十八階制となる。これはとりもなおさず、政治実務を執る官人層が増大し、官衙が拡充していった状況を示している。狭い飛鳥盆地内に築かれた飛鳥宮の外郭域は限られ、新たに成立した官衙、少なくともその一部は宮殿の外にも配置されたようだ。飛鳥宮外に設けられた官衙や宮殿付属施設としては、水落《みずおち》遺跡の漏刻台《ろうこくだい》、飛鳥寺西の大槻《おおつき》の広場や石神《いしがみ》遺跡の服属儀礼の施設、飛鳥池《あすかいけ》遺跡の官営工房、酒船石《さかふねいし》遺跡の祭祀・儀礼施設などがあり、いずれも政治を進めていく上で欠かすことのできない重要施設だった。

水落遺跡は、斉明天皇六年（六六〇）に皇太子中大兄《なかのおおえ》皇子が日本で初めて造った漏刻と漏刻台の遺跡である。それは、唐から漏刻技術と時刻制を導入して、増大した官僚層の勤務の管理など、

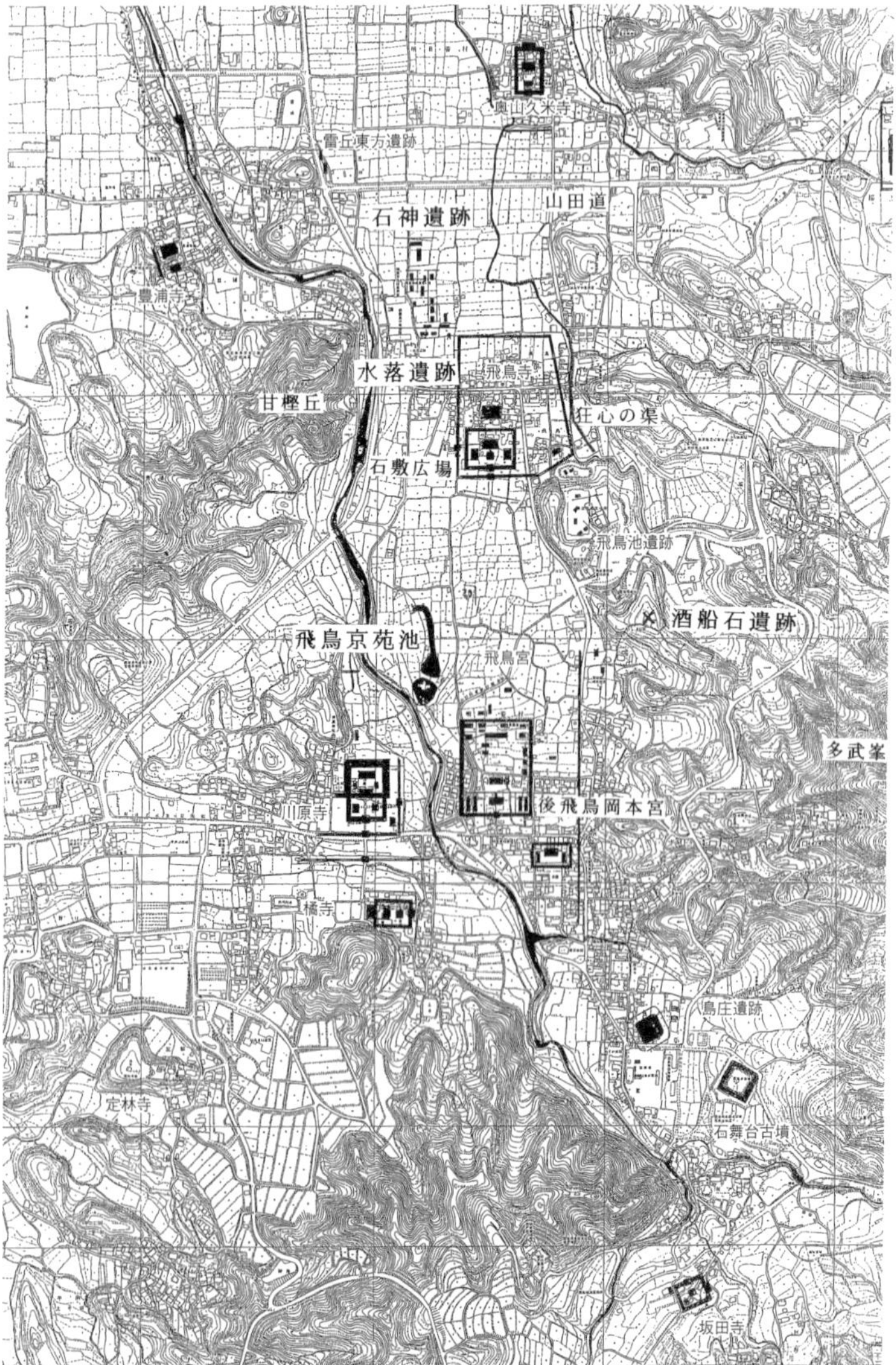

図5　飛鳥地域中心部の遺跡

政治を秩序づけることを狙って作られたものであった。つまり漏刻の初造は、官僚層の居住区の拡大や中央の特別行政区としての「京」の成立と密接に関わっているのである。飛鳥の都が広域に広がり、また都づくりが本格化したこととも関係している。水落遺跡は律令制下の陰陽寮《おんみようりよう》相当の官衙で、それは斉明天皇の後飛鳥岡本宮外で、飛鳥寺西北方に設けられていたのである。

飛鳥寺の西には神聖な大槻が象徴となる広大な石敷広場があり、ここでは皇極《こうぎよく》朝から持統朝にかけて、天皇への忠誠を誓う儀式や蝦夷《えみし》・隼人《はやと》らの服属儀礼が行われた。この広場の北に接して水落遺跡があり、その北側に石神遺跡がある。石神遺跡では、須弥山《しゆみせん》石《せき》や石人像の噴水石が発見されており、飛鳥寺西の広場と同様に、蝦夷・隼人らの服属儀礼を行う施設であった。斉明天皇の時代には、大規模建物群が規則的に建ち並び、宮廷儀礼の場として整備されている。飛鳥寺の西方一帯は、皇極朝から持統朝にかけて、服属儀礼の場として使

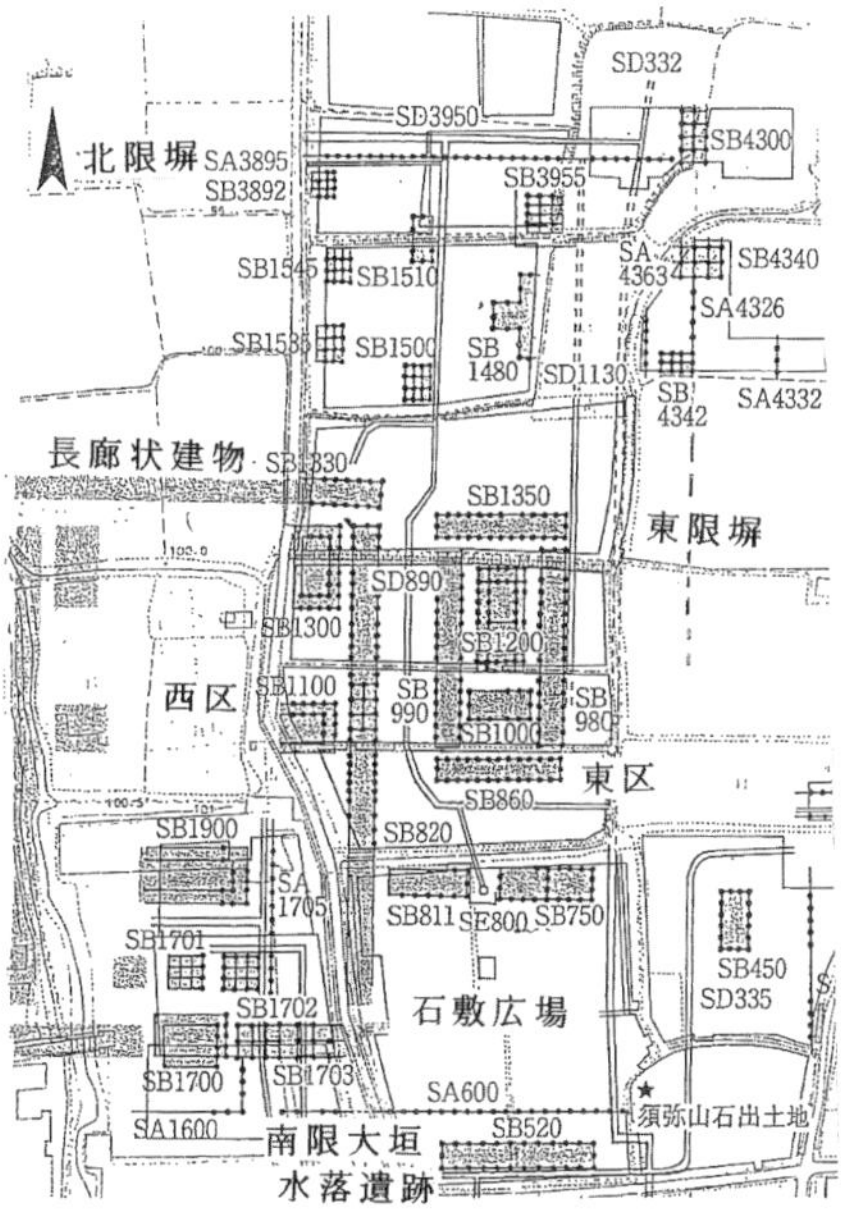

図6　石神遺跡全図

い続けられていたのである。

飛鳥池遺跡は酒船石遺跡の北側の谷間にあり、金・銀・銅・鉄・ガラスの製品や富本銭《ふほんせん》を鋳造した工房遺跡である。出土木簡などによって、国家直営の工房であったことが明らかになっている。富本銭は径二・四センチの方孔円銭で、中国古代の五銖銭《ごしゅせん》や開元通宝《かいげんつうほう》などを手本に発行した日本最初の銅銭である。『日本書紀』の記事によると、天武十二年（六八三）に銅銭使用の命令が出されており、持統八年（六九四）の記事には黄文本実《きぶみのほんじつ》らが鋳銭司《じゅせんし》に任命された記載が見えるが、富本銭はこれらの記事と関わっているのだろう。

飛鳥池遺跡の谷奥とその南の丘に酒船石遺跡が立地している。丘上には水を流して占いを行う酒船石が残されており、丘の斜面では、その全体を囲むように巨大石垣が発見されている。この巨大石垣は、『日本書紀』斉明天皇の記事に見える宮の東山に築いたとある「石山丘」跡と見ることができる。北側の谷奥には、小判形石槽《せきそう》や亀形《かめがた》石槽、湧水施設、石敷・石垣などからなる天皇が道教的な霊水祭祀・儀礼を行った施設が発見され、丘の東北側では「狂心《たぶれごころ》ノ渠《みぞ》」跡と見られる大溝跡も見つかっている。酒船石遺跡発見の遺構群は、斉明天皇の時代に飛鳥の都づくりが大規模に行われたことを生々しく伝えてくれる。

飛鳥京跡苑池《えんち》は南池と北池からなる南北総長一〇〇メートル、東西幅五〇〜六〇メートルの本格的な苑池遺跡である。北池から北へ延びる石組大溝を含めた全長は二三〇メートルに及ぶ。池は直線状の岸辺や垂直の石積み護岸、底石敷などに特徴があり、南池の南端では、酒船石類似の導水用石造物が発見されている。導水用石造物は、新羅王宮付属の雁鴨池《がんおうち》の導水路に設けられた石造物と類似している。また、南池の中には中島が設けられた。飛鳥京跡苑池は斉明朝、天武・持統朝の宮廷付属の苑池で、『日本書紀』に、天武天皇が行幸したとある「白錦後苑《しらにしきのみその》」、持統天皇が公私の馬を観たとある「御苑《みその》」にあたると考えることができる。

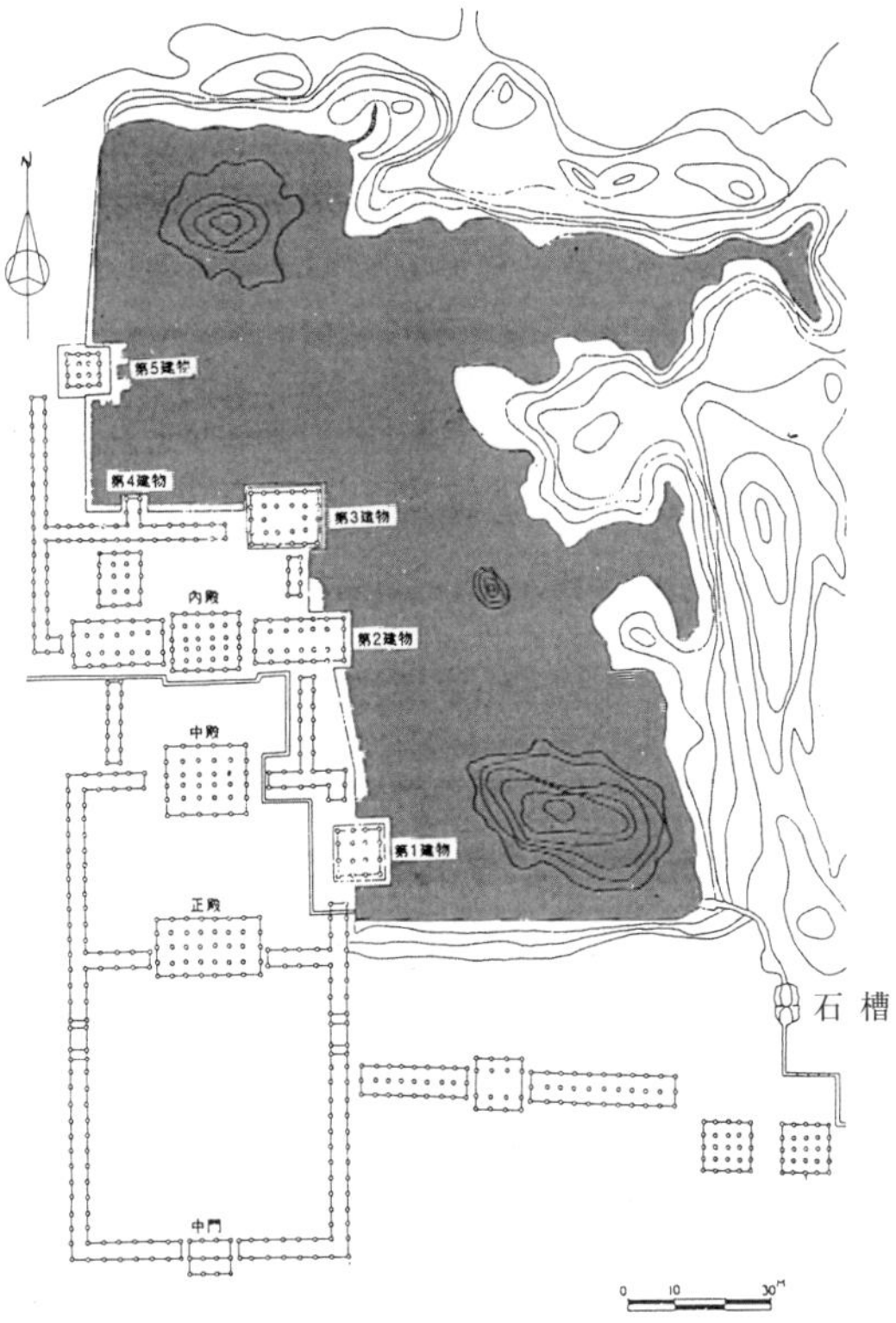

図7　雁鴨池全図

唐長安城《ちょうあんじょう》の大明宮《たいめいきゅう》太液池《たいえきち》や新羅の雁鴨池には「蓬莱島《ほうらいとう》」と呼ばれる中島が設けられていて、苑池は神仙世界を再現して、不老不死を願って造られたものであった。飛鳥京跡苑池も、中国や朝鮮半島から、造園の思想や技術を学んで造られたものと考えることができる。

四　仏教、新しい思想・知識・文化・技術の受容

五三八年、百済聖明王《せいめいおう》から欽明天皇へ仏像や経典などが贈られた。仏教の公式伝来である。蘇《そ》我馬子《がのうまこ》は、崇仏・排仏をめぐる物部氏《もののべ》・中臣氏《なかとみ》との抗争に勝利すると、五八八年に、飛鳥盆地の真ん中に日本最初の本格的寺院・飛鳥寺の造営を開始し、六〇六年頃に完成させた。飛鳥寺は、百済から派遣された造寺博士や瓦博士らの指導のもと、東漢氏《やまとのあやうじ》など渡来人が参画して造営が進められた。飛鳥寺の伽藍配置は高句麗様式の一塔三金堂式《こんどう》であり、堂塔に葺かれた屋根瓦は百済様式が使われている。朝鮮半島各地の寺院文化が入り混じって取り入れられているのである。

寺院は、新たな信仰・思想の場であっただけではなく、学術・芸術、技術集積の殿堂であり、その意味では文明開化の象徴的拠点でもあった。飛鳥寺は、飛鳥時代の幕開けを告げる記念碑ということができるだろう。

初期の仏教や寺院の建設は、蘇我氏が主導したもので、百済様式が主流を占めていた。そして寺院は、すべて皇族や豪族層が檀越《だんおつ》となって建設した氏寺《うじでら》であり、僧尼は渡来系の人が多くを占めた。『日本書紀』の推古三十二年（六二四）の記事には、四六ヵ寺があったと見えるが、その多

くは飛鳥と近畿中枢部に営まれていた。

舒明十一年（六三九）九月、舒明天皇が百済大寺《くだらのおおでら》を造営する。天皇が発願《ほつがん》し、朝廷が造営や経営を支え、国家的な宗教行事を行う「官寺」の始まりである。平成九年（一九九七）、香具山《かぐやま》東北方の磐余の地で百済大寺跡が発見された。百済大寺の金堂や塔の規模は飛鳥諸寺を大きく凌駕し、破格の規模を誇っている。塔は文献史料にあるように、壮大な九重塔であった。当時の東アジアの国寺では、たとえば北魏永寧寺《えいねいじ》や新羅皇龍寺《こうりゆうじ》のように、巨大な伽藍と九重塔が建造されていた。九重塔は、国家筆頭の官寺、そして鎮護国家仏教を象徴する存在であった。

その後、国家仏教は大きく発展して、天武九年（六八〇）には飛鳥三大寺制、藤原京では薬師寺《やくしじ》を加えて四大寺制となる。文武天皇が新益京左京に新建した大官大寺《だいかんだいじ》でも、壮大な九重塔が建設された。

諸寺の伽藍配置は、まず飛鳥寺の高句麗様式から始まり、やがて山田寺《やまだでら》などの百済様式が流行していく。その後、百済大寺の法隆寺式などが採用され、薬師寺の新羅様式や、文武朝大官大寺の独自様式へと変遷していった。伽藍配置の変遷は、激動する東アジア諸国との文化交流の移り変わりを物語っているのである。

道教は、陰陽五行《いんようごぎょう》、天文、四神の思想など不老長寿を主な目的とした現世利益《げんぜりやく》的な宗教として生まれた。推古十年（六〇二）、百済僧観勒《かんろく》が天文・地理・遁甲《とんこう》・方術の書をもたらしており、

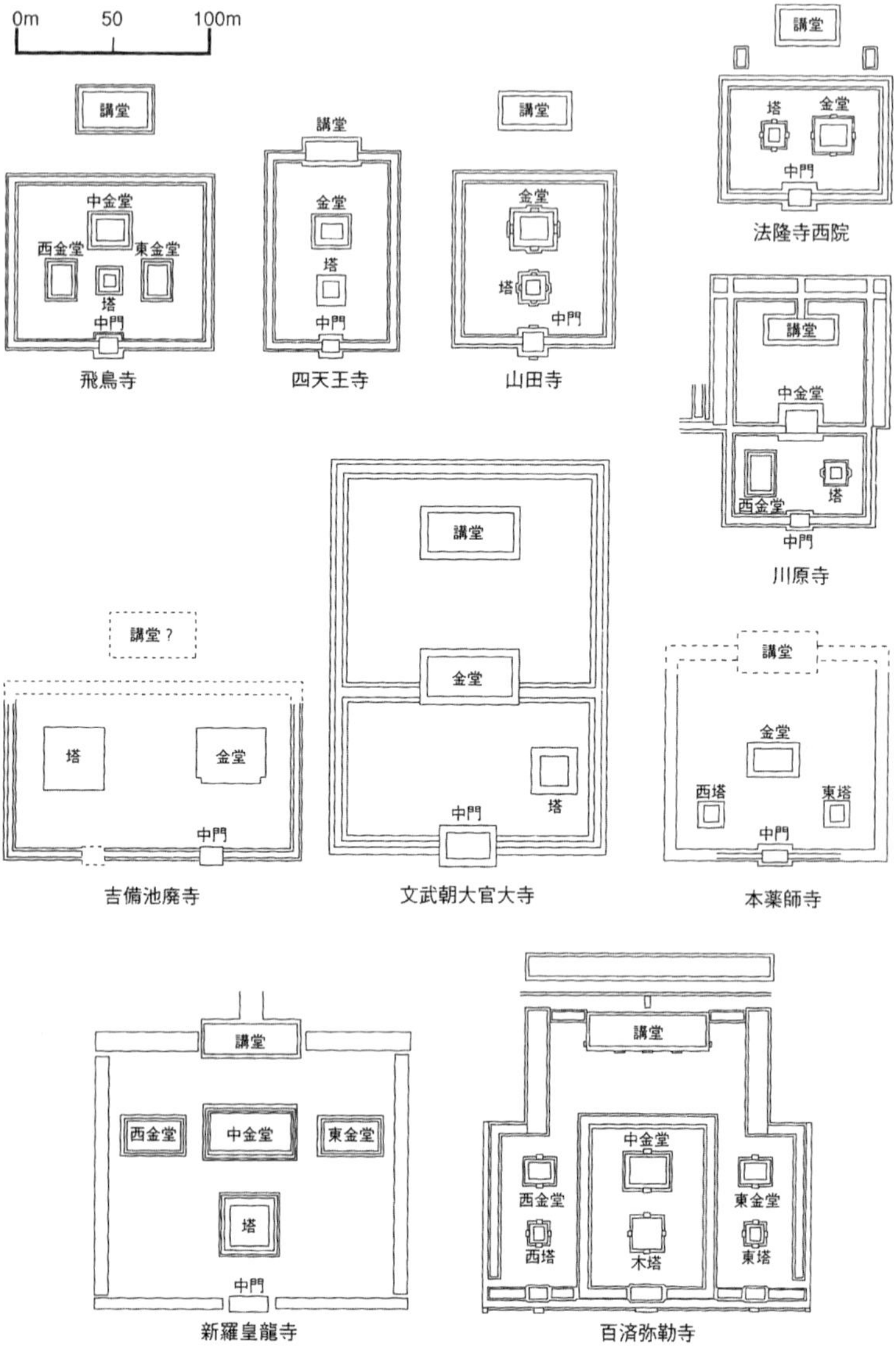

図8　飛鳥諸寺の伽藍配置

道教の思想は飛鳥時代初期から本格的に導入されている。酒船石遺跡の亀形石槽は道教的な神仙《しんせん》思想で理想世界を支える亀を象ったものであり、「天皇」称号や八角形墳天皇陵、「大極殿」の呼名なども道教的信仰に基づくものである。皇極天皇によって、道教的な雨乞い儀礼が行われたことも確認できる。

七世紀中頃には、斎串《いぐし》・人形《ひとがた》・土馬《どば》など道教的な祭祀具も出現し、大祓《おおはらえ》など穢れや病を祓う儀礼に使われた。今も六月と十二月晦日の大祓の時に古社で、「茅の輪」くぐりに紙の人形を吊り下げるが、これは飛鳥時代に始まった伝統を引き継ぐものである。

青龍・白虎・朱雀・玄武を四方の守り神とする思想も中国で紀元前一世紀頃には成立しており、その後、東アジア各地に伝播し、浸透していく。高句麗では五世紀初頭の古墳に四神図を描くようになる。高松塚古墳やキトラ古墳の天文図・星宿《せいしゅく》図、日月《じつげつ》図は天文信仰が支配者層に深く浸透していた様子を伝えていて、徳花里《とくかり》二号墳など高句麗の古墳にも同様の天文図が描かれている。

学術、科学技術、漢方の医療・医薬、手工業、衣服、食生活などの大きな変革期でもあった。斉明・天智天皇の時代は遣唐使派遣など唐との交流が最も盛んに行われた時期であり、また推古天皇の時に聖徳太子が派遣した遣隋留学生《るがくしょう》・留学僧が長い留学生活を終えて帰国し、活躍した時代であった。この時期を中心に、漏刻・天文・暦、水道・噴水技術、測量技術、造園、鋳貨発行など中国系科学技術が大きく展開していく。石神遺跡で発見された持統三年（六八九）の元嘉暦による具注暦木簡は、日本最古の暦の例である。

食生活でも、大陸文化の影響が強まった。たとえば金属製の食器や箸・匙《さじ》を使うようになり、蘇《そ》（チーズのようなもの）などの乳製品、うどん、油なども口にするようになる。こうした食生活の変化は、まず上層階層の人びとから始まり、しだいに役人層へと広まっていった。

五　藤原宮と新益京

飛鳥に宮都が集中するに及んで、その周辺に官衙や寺院、市などが営まれ、役人層も集住するようになって、飛鳥周辺はしだいに都市的景観を持つようになる。こうして中央の特別行政区画としての「京」が成立していった。「京」の存在を示す最初の記事は、『日本書紀』斉明五年（六五九）の記事である。『日本書紀』の壬申《じんしん》の乱《らん》の記事には「倭京」や「古京」の語が見え、天武五年（六七六）以降、「京」「京師《けいし》」の語が頻出し、京内の民生・警察を管轄する責任者「京職《きょうしきの》大夫《だいぶ》」の名前も登場する。

天武十三年（六八四）三月条には「天皇、京師を巡行して、宮室の地を定めたまふ」とあり、これは藤原宮への遷都と宮の場所を正式に決定した記事として注目される。藤原宮跡や薬師寺下層では、碁盤目状に通された街路や街区の遺構が発見されていて、これらは壬申の乱の記事や天武十三年三月条に見える「倭京」や「京師」にともなうものと考えられる。下《しも》ツ道《みち》・中《なか》ツ道・上《かみ》ツ道・横大路《よこおおじ》・山田道など推古朝頃に整えられていた主要幹線道路が、こうした条坊街路の骨格になったのである。下ツ道と山田道とが交差する所は「軽街《かるのちまた》」と呼ばれ、飛鳥人の生活を支える「軽市」が設けられ、飛鳥時代を通じて飛鳥人の交流の場として機能しつづけた。

天武天皇は、律令制に基づく国づくりを強力に進めていった。外国に対して国号を「日本国」と名のり、君主を「天皇」と呼ぶようになり、律令制確立の第一歩となる飛鳥浄御原令の編纂も始まる。国評制や、皇位継承にともなう大嘗祭、伊勢神宮の式年遷宮《しきねんせんぐう》や斎宮《さいぐう》制、官寺制、貨幣制などなど律令制的な新政策が進められていき、『古事記』や『日本書紀』の編纂の準備も始まった。こうした革新的な政治を円滑に行うために、その中心舞台として建設をめざしたのが藤原宮と新益京であった。

藤原宮は一キロ四方、面積約一〇〇ヘクタールに及ぶ巨大宮殿で、中心部に政治の中枢施設である大極殿と朝堂院とが建設され、その北に天皇が暮らす内裏が配置された。これら中枢施設の東西両側には、官僚が政治実務を執る官衙群が建設され、官衙域の総面積は六〇ヘクタールに及ぶ。こうして諸機能を一体的に集約した宮殿が完成したのである。

藤原宮では本格的な「大極殿」が初めて建設される。大極殿院や朝堂院の殿舎には、宮殿では初めて礎石建ち瓦葺きの大陸様式の建築が採用された。恒久的な宮殿の建設、そして古代東アジ

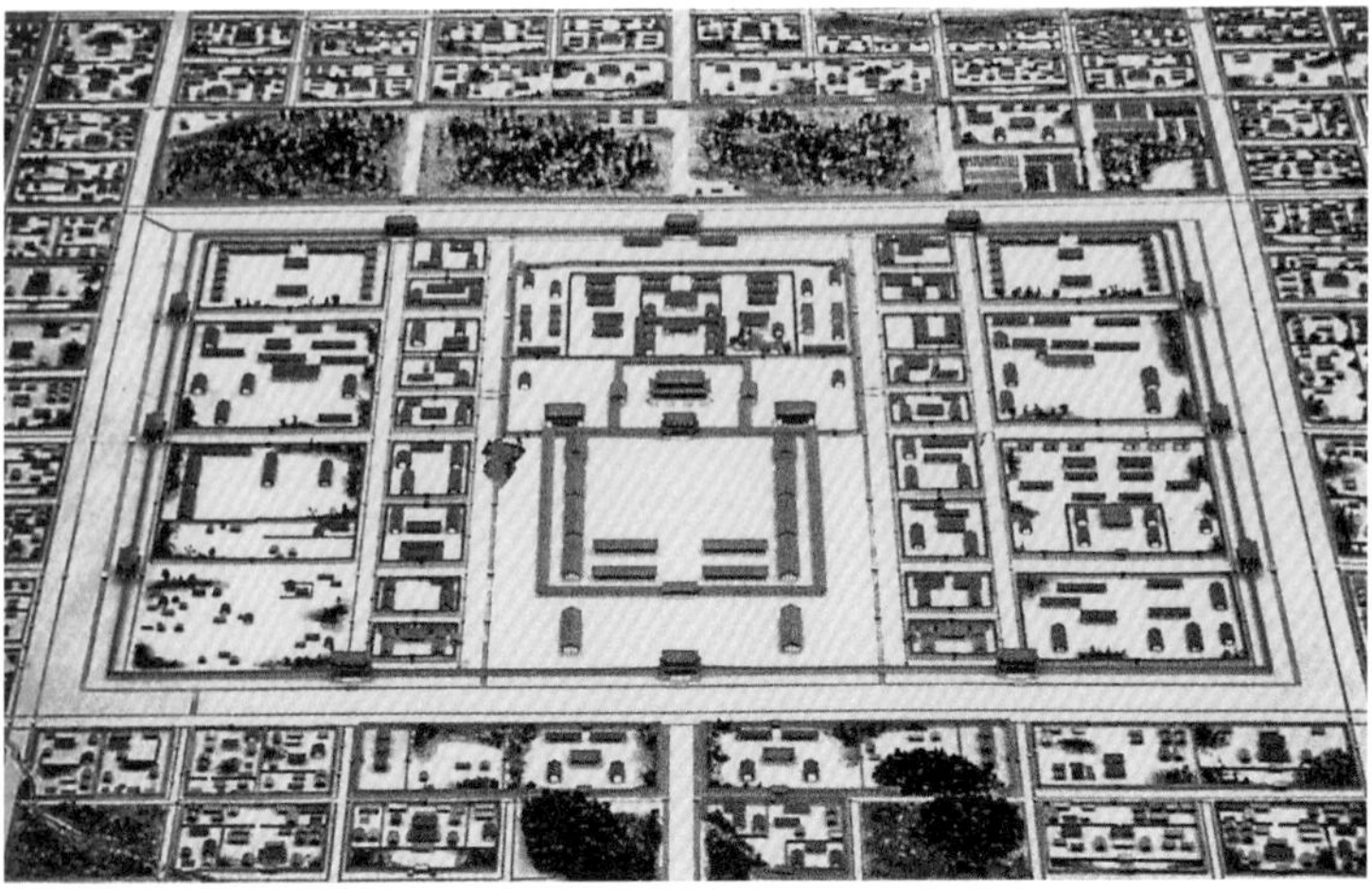

図9　藤原宮復原模型

ア諸国の宮殿に伍して恥ずかしくない構造の宮殿の建設をめざしたのである。いっぽう、内裏や官衙の建物には、従来の伝統的な掘立柱建物が採用された。礎石瓦葺き建物と掘立柱建物の併用とその使い分けは、後の平城宮や平安宮《へいあんきゅう》へと引き継がれた。藤原宮では、律令国家の政治の中心舞台として本格的宮殿が作り上げられたが、その基本形は平城宮以降の宮殿に引き継がれていった。

藤原宮の周囲には条坊制《じょうぼうせい》による計画都市・新益京が作られた。「新益京」とは、飛鳥に都がその西北方の地にまで「拡大した都」という意味であったと考えることができる。新益京は、「倭京」の条坊の基本を踏襲して、それを整備・拡大して建設されたのではないだろうか。

新益京の街区は「林坊《はやしまち》」「軽坊」「浦坊」「小治町」など、飛鳥時代以来のその地の地名によって呼ばれた。「新益京」の呼称や伝統的な地名に基づいた街区の呼名からは、新益京が飛鳥の地で育まれた伝統を基礎にできあがったことをうかがわせる。

最近では、新益京十条十坊説、つまり五・三キロ四方の方形で、京の中央に藤原宮を配置する『周礼《しゅらい》』考工記が記す理想の都城として建設されたとする説が有力化している。この説は計画性を強調する説でもあるが、計画性の内実の検討など解決すべき課題が多く残されている。

藤原宮の東西と北には香具山・畝傍山・耳成山の大和三山があり、南側を東南から北西に向かって斜めに飛鳥川が流れている。『日本書紀』によると、藤原宮地は天皇が陰陽師《おんみょうじ》や工匠《こうしょう》らを派遣して、都の適地かどうかを視占させた上で決定された。大和三山と飛鳥川は四方の守り神、つまり四神に見立てられ、これらに囲まれた藤原の地は、陰陽五行説に適った永遠の理想の宮地と視占されたのであろう。こうして持統八年（六九四）、藤原宮への遷都が実現するが、持統天皇にとっては、藤原宮と新益京の建設は亡夫天武天皇の遺志の実現でもあった。その意味では藤原宮と新益京は「天武・持統天皇の理想の都」であったということができるだろう。

六 「文物の儀、是に備れり」

文武五年（七〇一）正月元旦の朝賀の儀式は、大宝律令《たいほうりつりょう》の完成を祝うかのごとく、たいへん盛大なものであった。大宝律令は飛鳥浄御原令を基にして、行政法の「令」に加えて、刑罰法である「律」をともなう体系法典として完成した。律令をもとに国を治める法治国家が成立したのである。この年の三月、「大宝」の元号が採用される。「令和」に続く元号制の始まりである。大宝元年という年は、本格的な宮殿と都城を完成させ、律令を作り上げた画期的な年であった。

平成二十八年（二〇一六）、藤原宮の大極殿正門前で大きな柱穴七ヵ所が発見された。『続日本紀』の文武五年（大宝元年）正月朔日条には、「天皇、大極殿に御して朝を受く、其の儀、正門に烏形幢《うぎょうのどう》、左に日像青龍朱雀の幡、右に月像玄武白虎の幡を樹て、蕃夷の使者左右に陳列す。文物の儀、是《ここ》に備れり」という記事が見える。大極殿正門前に、真ん中に銅製の烏像の幢、東側に日像と朱雀・青龍を描いた幡、西側に月像と白虎・玄武を描いた幡を立てて儀式が行われたが、発見された七ヵ所の柱穴群は、この時の幢幡を立てた跡であろう。元旦朝賀の儀式は、天皇が貴族や臣下から年賀を受け、君主と臣下との関係を確認する即位式と並ぶ最重要の国家儀式であった。令制では、元旦朝賀や即位儀式で大極殿前や正門前に七本の幢幡を立てる制度が確立し、それは江戸時代に京都御所の紫宸殿《ししんでん》前で行われた即位式まで引き継がれている。

先の元旦朝賀の記事には「文物の制度がここに至ってすべて整った」とあり、長年にわたって模索してきた天皇を中心とした本格的な中央集権国家を作り上げ、新たな時代が幕開けしたことを高らかに宣言する。世紀の祝典が目に浮かんでくるようだ。

さて、古代中国では、天上世界と地上世界とを関連づけて考える思想が発達した。周王朝の人びとは、天子（天皇）は天界の絶対神の天帝の子として天帝の命令（天命）を受けて地上の統治を代行するとし、天子は天帝から地上の統治を委ねられた証に、天帝の住居である「太極星」（北極星）に擬《なぞら》えた宮殿を営み、天上界を地上に再現して天子を権威づけ、仁政を行うものと考えられたのである。

「太極殿《たいきょくでん》」や「大極殿」という宮殿正殿の名前は、北天の中央に輝く太極星（北極星）に基づいている。「太極殿」の名は、『魏書』の明帝《めいてい》の青龍三年（二三五）の記事に登場し、唐長安城の正殿も「太極殿」と呼ばれた。藤原宮の「大極殿」は、魏洛陽城《らくようじょう》や唐長安城の正殿の「太極殿」に由来すると考えることができる。

礎石建ち瓦葺きの本格的な大極殿は、元旦朝賀や即位儀式を行い、天皇と国家の威厳を整える宮殿正殿として成立した。大極殿前に日月、四神の幢幡を立てて行う天皇の大儀は、古代中国の道教的な宇宙観である陰陽五行説に基づくものだった。それは天皇の政治が永遠であることを祈り、また讃える意味が込められていたのだろう。

ところで、高松塚古墳・キトラ古墳の壁画に描かれた四神図、星宿図、日像図・月像図は、死者の不老不死を信じて描かれたもので、その内容は元旦朝賀や天皇即位の儀式で使用する七本の宝幢の図像とまったく同じ構成である。両古墳の壁画は、古代国家が飛鳥・藤原の地で確立した様子をわかりやすい形で伝えてくれる。
文明が開化し、本格的な中央集権国家の誕生という「激動の時代」が眼前に浮かんでくるようである。

【初出】「魅惑する飛鳥—文明開化を告げる遺産群—」(『層富』第三〇号、平城ニュータウン文化協会、二〇一三年)を改題。

第2章　飛鳥・藤原の宮都とその関連資産群

――世界遺産登録に向けての現状――

「飛鳥・藤原の宮都とその関連資産群」（以下、「飛鳥・藤原」と略す）の世界遺産登録に向けての準備が大詰めを迎えている。令和六年（二〇二四）四月、奈良県が主催する登録推進協議会から文化庁へ「推薦書（案）」が提出された。今後は、文化庁での審査を経て、承認されれば、本年度の日本国からの推薦資産としてユネスコへ正式に推薦されることになる。ユネスコへの推薦後、ユネスコの諮問機関であるイコモス（国際記念物遺跡会議）が現地調査を行い、その調査結果などを踏まえて、二〇二六年夏頃、世界遺産委員会によって「記載」「不記載」などが決まることになる。

世界遺産への登録には厳しい条件がある。まず、「顕著な普遍的価値」を持つ資産であることを明確に証明しなければならない。「顕著な」とは「極めて稀な」ということで、「普遍的価値」とは、日本人にとっての価値を超えて、「人類に共通する価値」があるということ。そして（ⅰ）から（ⅵ）までの六つの「評価基準」の一つ以上に該当することが必要で、さらに、資産の「完全性」「真正性」の条件を満たしていることを明確に示さなければならない。加えて、資産を確実に保護する適切な保護法と管理体制が整えられていることが重視される。

一　顕著な普遍的価値の言明

「飛鳥・藤原」は、六世紀末～八世紀初頭に、日本列島において、初めて中央集権体制に基づく宮都が誕生したことを示す比類のない文化遺産である。それは、当時の中国・朝鮮半島諸国と日本との間で繰り広げられた政治的・文化的交流の所産であり、渡来人の積極的受容による外来文化の導入と日本の固有の伝統との融合を通じて独自の開花を遂げた宮都の遺産群である。

推薦資産は、丘陵に囲まれた飛鳥の小盆地と、その北西に広がる藤原の平地部に展開する二つの宮都からなる。天皇が居住する宮殿・政治施設を中心に、官僚制が整備されるとともに、周辺にも官衙《かんが》群を配置するようになる「飛鳥の宮都」から、大極殿《だいごくでん》・朝堂院《ちょうどういん》・内裏《だいり》・官衙群を一体的に集約した「藤原の宮都」への変遷は、日本列島に初めて誕生した律令制度を規範とする中央集権体制に基づく宮都の形成過程を示している。それは、八世紀以降の平城宮《へいじょうきゅう》・平安《へいあん》宮へと続く日本の宮都の出発点となった。

二つの宮都は、それぞれ「宮殿・官衙跡」「仏教寺院跡」「墳墓」の三類型に区分できる二二の構成資産からなる。「宮殿・官衙跡」は中国の「律令制度」を模範とする中央集権体制が儀式・政治・行政の中心的な場である宮殿において具現したことを示す。「仏教寺院跡」は、日本初の仏教寺院である飛鳥寺《あすかでら》の造営を契機に有力豪族層が造営する氏寺《うじでら》に始まり、中央集権国家を鎮護する国家寺院が成立していく過程を示す。「墳墓」は天皇を頂点とする中央集権国家の墓制へと展開していく過程を示している。

顕著な普遍的価値を伝える構成資産は、主として地下に埋蔵された考古学的遺跡および地下の遺跡と直接的関係を持つ地形からなる。また、藤原宮の位置を定める際に重要な役割を担った大和三山の独立小丘陵の地形・樹叢《じゅそう》、藤原宮大極殿跡からの三山の眺望をも含んでいる。

すなわち、中央集権国家が萌芽し、「形成されていく過程」を物語る宮都の資産であり、東アジア社会との「濃密な交流」、「渡来人の重用」によって導入された外来文化と伝統との融合によって独自の開花を遂げた宮都の資産であり、それは八世紀以降の平城宮・平安宮へと続く宮都の「出発点」になったということになる。

なお、二二の構成資産は、「宮殿・官衙跡」では飛鳥宮、飛鳥京跡苑池《えんち》、酒船石《さかふねいし》遺跡、水落《みずおち》遺跡と、藤原宮跡・藤原京朱雀大路《すざくおおじ》跡、「仏教寺院跡」では、飛鳥寺跡、橘寺《たちばなでら》跡、山田寺《やまだでら》跡、川原寺《かわらでら》跡、檜隈寺《ひのくまでら》跡、大官大寺《だいかんだいじ》跡、本薬師寺《もとやくしじ》跡、「墳墓」では、石舞台《いしぶたい》古墳、菖蒲池《しょうぶいけ》古墳、牽牛子塚《けんごしづか》古墳、天武《てんむ》・持統《じとう》天皇陵古墳、中尾山《なかおやま》古墳、キトラ古墳、高松塚《たかまつづか》古墳、そして、大和三山の香具山《かぐやま》、耳成山《みみなしやま》、畝傍山《うねびやま》である。

評価基準は、六つの評価基準のうち、(ii)と(iii)とが適用される。(ii)は「価値観の交流」

を示すものであることで、「飛鳥・藤原」の「宮殿・官衙跡」「仏教寺院跡」「墳墓」に見られる工作物の配置構成・意匠・技術および環境を活かした計画性は、仏教の導入を契機として生まれた中国・朝鮮半島諸国との建築・土木など宮都造営に関わる価値観の重要な交流、渡来人の重用の所産であり、八世紀以降の日本列島における宮都の造営・進化に多大な影響を与えた、とまとめられる。

もう一つの(iii)は文化的伝統、文明の存在を示す唯一無二の物証であることで、「飛鳥・藤原」は、「宮殿・官衙跡」「仏教寺院跡」「墳墓」からなる構成資産群の立地・位置関係を表す工作物の配置構成・様式の変遷によって、中央集権体制に基づく独自の宮都を形成していく過程を端的に示す唯一無二の証拠であると整理される。

二　完全性の言明、真正性の言明

「完全性の言明」では、推薦資産は二つの宮都を構成する「宮殿・官衙跡」「仏教寺院跡」「墳墓」を過不足なく含んでおり、中央集権体制に基づく独自の宮都を形成していく過程を示す証拠として高い完全性を保持している。考古学的遺跡では、長年にわたる学術的な発掘調査や研究によって確認された顕著な普遍的価値を表す範囲を推薦資産として確保しており、未調査地を含め

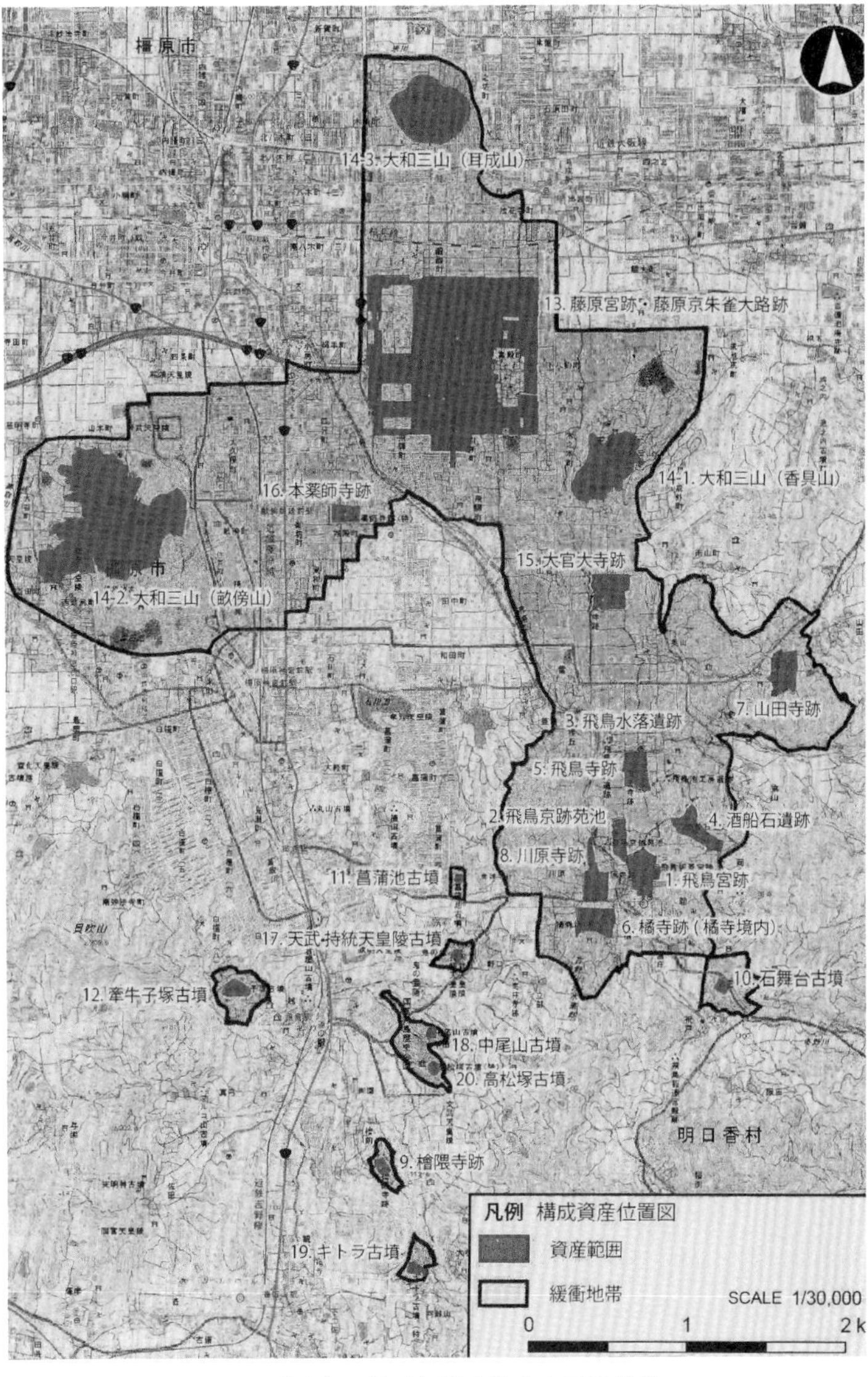

図1 「飛鳥・藤原」構成資産と緩衝地帯

て良好な状態を保っている。大和三山の地形・樹叢、藤原宮大極殿跡からの三山の眺望も良好に維持されている。「緩衝地帯」では宮都廃絶後に形成された集落・農地・林地が良好な環境を維持し、推薦資産の全体は「完全性」の条件を満たしている、と整理される。

「真正性の言明」では、構成資産の価値の真正性は、考古学・文献史学・国文学などの学術的調査研究によって、十分に、詳細に証明されている。推薦資産に含まれる考古学的遺跡の大部分は、廃絶後に土砂などにより埋没し、その後は農地へと転換し、一三〇〇年以上にわたって良好な保存状態を保持してきた。また、発掘調査によって明らかとなった地下遺構は調査終了後に埋め戻すことにより、地下の原位置で保存している。地下遺構を地表面に表示する場合には、遺構を被覆土により保護した上で、その直上で原状回復が可能な方法を用いている。建築物の礎石《そせき》・基壇《きだん》、石造物、墳墓の墳丘・石室など地上に表出している遺構・地形、そして大和三山の地形・樹叢については、形態、意匠、材料・材質に変更を加えることなく原位置、形状を維持しており、推薦資産は、顕著な普遍的価値の「真正性」を高く保持している、と整理される。

三　飛鳥宮・藤原宮の時代と構成資産

国際交流の展開過程や中央集権国家の形成過程と構成資産の変遷との関係などについて、補っておきたい。

飛鳥時代は、六四五年の大化のクーデターを境に前半期と後半期とに分けて考える必要がある。前半期で重要なのは七世紀初頭における聖徳太子《しょうとくたいし》による隋への使節と留《る》学生《がくしょう》・留学僧の派遣など、隋唐、百済《くだら》、高句麗《こうくり》、新羅《しらぎ》との交流が盛んに行われたことである。隋への留学生・留学僧には旻《みん》・高向玄理《たかむこのげんり》・南淵請安《みなぶちのしょうあん》などがおり、彼らは、いずれも五・六世紀の渡来人の後裔であった。六一八年、隋に代わって唐が建国されると、六三〇年、舒明《じょめい》天皇は遣唐使を派遣し、隋に代わって唐との交流が始まる。

旻・高向玄理・南淵請安は長安での長い留学生活を終えて、政治制度や仏教、儒学など新知識を身に付けて舒明天皇時代の六三〇年代から六四〇年にかけて帰国してくる。彼らは以後の政治・社会体制の整備に大きく寄与することになる。たとえば、旻・高向玄理は大化改新政府に参画して、中央官制の整備など政策の立案に深く関わっている。また、七世紀後半初期の斉明《さいめい》朝から天智《てんじ》朝は、遣唐使派遣や唐使の渡来など彼我の交流が頻繁に行われた時代であった。こうした国際交流を踏まえて、日本の政治や文化、技術、思想は変化を遂げていく。

五世紀以来渡来してきた人びとを積極的に重用した意義も多大であった。たとえば、仏教は六世紀前半に百済から伝えられ、最初の伽藍寺院・飛鳥寺は、百済から派遣された造寺工・瓦工などの技術者と、彼らの指導によって造営に参画した古くからの渡来系の人びとによって建設が進められたし、最初に住んだ僧も高句麗僧・百済僧であった。飛鳥時代初期の僧尼は、多く渡来人出身者であった。また、六世紀から七世紀前半には、百済との交流が濃密で、飛鳥前半期の文化の形成は百済に負うところ大であった。六六〇年の百済滅亡頃、百済の政権を担っていた高位・高官が大挙して亡命してくる。彼らの貢献も多大であった。飛鳥の宮殿や寺院・墳墓の構造の変化はこうした政治・社会、国際交流の動向と深く関わっているのである。

六三〇年、舒明天皇が飛鳥盆地の南部に飛鳥岡本宮《おかもとのみや》を営む。飛鳥盆地に営まれた最初の宮殿である。以降、ほぼ同所に、皇極《こうぎょく》天皇の飛鳥板蓋宮《いたぶきのみや》、斉明天皇の後飛鳥岡本宮《のちのあすかおかもとのみや》、天武・持統天皇の飛鳥浄御原宮《きよみがはらのみや》が営まれ、宮殿の場所が飛鳥盆地南部に定着してくる。これら諸宮を一括して「飛鳥宮」と呼んでいる。

飛鳥浄御原宮は後飛鳥岡本宮に改造を加えた宮殿で、後飛鳥岡本宮以来の内郭と外郭に加えて、新たに「エビノコ郭」が造営される。内郭の南部には政治を執る正殿と朝堂、北部には天皇の住居と後宮が置かれた。「エビノコ郭」には、政治・儀式を行う正殿である「エビノコ大殿」が建設された。外郭には、政治実務を執る官衙などが設けられた。宮殿建物はすべて掘立柱《ほったてばしら》式で、屋根に檜皮《ひわだ》や板を葺く伝統的な建築様式のものであった。石敷の多用も飛鳥宮の大きな特色である。飛鳥宮の面積は二〇ヘクタールを超えるものではなかった。

官衙の数や配置は冠位制の整備動向と密接に関わっている。冠位制は、推古十一年（六〇三）

の十二階制、大化三年（六四七）の十三階制、大化五年（六四九）の十九階制、天智三年（六六四）の二十六階制、天武十四年（六八五）の四十八階制、大宝元年（七〇一）の四十八階制へと展開しており、これは役人層の増大や、官司制・官衙制が整備されていく過程を示している。

水落遺跡は、皇太子中大兄《なかのおおえ》皇子が斉明六年（六六〇）に日本で初めて造った漏刻《ろうこく》と漏刻台の遺跡であり、後の「陰陽寮《おんみょうりょう》」にあたる官衙跡である。同遺跡は飛鳥寺の西北方に位置しており、後飛鳥岡本宮外に位置する。狭い飛鳥盆地に営まれた飛鳥宮では、その内部に増大していく官衙のすべてが納まりきれず、飛鳥盆地内の諸所にも配置されたのである。酒船石遺跡は斉明朝に築かれた水を使う宮廷付属の祭祀・儀礼施設であるが、これも後飛鳥岡本宮外に築かれている。

飛鳥京跡苑池は斉明朝に築かれ、天武・持統天皇に引き継がれた宮廷付属の苑池であり、飛鳥宮内郭の西北方に位置している。苑池の岸辺は、直線的で、垂直に近い石積で護岸されているなど、百済や新羅の王宮付属の苑池と共通する特徴があり、その影響が顕著である。なお、天武朝には、岸辺を洲浜《すはま》状に改造するなど日本庭園化への動きも認められる。

なお、飛鳥盆地の南部に宮殿地が定まり、さらに官衙の整備が進み、官僚層が増大するにともなって、飛鳥とその周辺に貴族・官僚層などが集住するようになり、都市的景観の場が形成されてくる。こうした動きを背景に、遅くとも斉明朝には飛鳥と周辺に特別行政区としての「京」が成立する。相応して、飛鳥盆地西南方の谷間の地に天皇陵や皇族墓が造営され、一帯が「陵墓の地」として定まってくる。

仏教寺院は、飛鳥寺など有力氏族がその氏族の安寧や繁栄を願う「氏寺」の造営から始まる。飛鳥寺・橘寺・山田寺などの初期寺院は高句麗様式や百済様式が主流であった。舒明天皇十一年（六三九）、最初の天皇発願《ほつがん》寺院・百済大寺が造営される。百済大寺では、飛鳥諸寺をはるかに凌駕する壮大な金堂《こんどう》・九重塔が建設され、それは天武朝高市大寺《たけちのおおでら》、文武《もんむ》朝大官大寺へと引き継がれた。北魏永寧寺《えいねいじ》や新羅皇龍寺《こうりゅうじ》、百済弥勒寺《みろくじ》など東アジア諸国の国寺では、鎮護国家仏教の象徴として九重塔が建設されており、飛鳥時代前半期後半に、国家寺院の思想や建築様式が受容されたのである。その後、斉明朝から天武・持統朝にかけて飛鳥の宮都や諸国で、鎮護国家仏教の根本経典である「仁王経《にんのうぎょう》」「金光明経《こんこうみょうきょう》」が盛んに読誦されている。こうして仏教は鎮護国家仏教の性格を強めていく。

天智朝の六六〇年代後半、中大兄皇子によって母・斉明天皇の菩提を弔い川原宮の跡地に川原寺が造営される。川原寺の法号「弘福寺《ぐふくじ》」は、唐太宗《たいそう》が母の穆《ぼく》太后の追善のために長安城《ちょうあんじょう》に建立した「弘福寺」に倣ったものである。川原寺の伽藍は一塔二金堂式が採用されているが、造営に使用された物差しは唐尺《とうじゃく》で、屋根に葺かれた軒丸瓦《のきまるがわら》も唐様式の複弁蓮華文を飾るものであった。

天武朝には官寺制が定められ、鎮護国家仏教の中心寺院として大官大寺・川原寺・飛鳥寺が三大寺に位置づけられる。なお、檜隈寺は、飛鳥西南方の檜隈の地に、飛鳥時代前半期に造営された渡来系氏族の氏寺である。天武朝から藤原宮期にかけて伽藍が整えられており、この時期に建立された講堂では、百済の寺院に多い瓦積基壇が採用されている。

大化二年（六四六）三月、「薄葬令《はくそうれい》」が発せられる。これを契機に墓制も大きく変わっていく。「薄葬令」は、『魏志《ぎし》』武帝紀などを引用しながら、墳丘を大きく築くこと、石槨《せっかく》を築くこと、多くの副葬品を納めることは「愚俗」で、止めるよう命じている。国家を作り上げ、社会の文明化を進めていくためには墳墓・葬祭を簡素にする必要があるというのである。

「薄葬令」以降、墳丘・石室は急速に小型化しており、墳丘を築く墳墓も極めて少なくなる。「薄葬令」は行政機構や官僚制など中央集権国家体制の整備をめざす大化改新の政治・社会・文化改革の一環をなすものであった。推古朝には、伝統的な前方後円墳の造営が停止され、天皇や有力豪族の墳墓に中国系の方墳が採用されるようになる。「薄葬令」以前の代表的な古墳には石舞台古墳や菖蒲池古墳があり、一辺五〇《メートル》から三〇《メートル》ほどの方墳となる。

埋葬施設は、石舞台古墳では、前代以来の伝統を引き継いだ自然石積みの横穴式石室が築かれ、中に家形石棺《いえがたせっかん》が納められた。七世紀中頃築造の菖蒲池古墳では、より整備された切石積みの横穴式石室が築かれ、中に家形石棺二基が安置されている。その後、切石積みの横穴式石室は小型化をたどる。

これより先、六四三年、八角形の舒明天皇陵が築造される。天皇特有の墳墓としての八角形墳の創出である。「八」は古代中国の皇帝（天子）政治の象徴であって、八角形墳は古代中国の道教的な政治・祭儀思想を基に成立したものであった。八角形墳は斉明天皇陵（牽牛子塚古墳）、天智天皇陵、天武・持統天皇合葬陵《がっそうりょう》、文武天皇陵（中尾山古墳）に引き継がれている。墳丘規模も四○メートルから二○メートルほどへと小型化をたどるが、同時期の古墳では最大規模であった。埋葬施設も七世紀後半には、石棺式石室内に漆塗木棺《うるしぬりもっかん》や夾紵棺《きょうちょかん》を安置するようになり、副葬品も装身具などを少量納める程度となる。文武天皇陵の中尾山古墳では、狭い石槨の中に火葬骨が納められており、これを最後に古墳の伝統は完全に姿を消していく。

天武・持統天皇陵や文武天皇陵が造営された頃、壁画古墳のキトラ古墳・高松塚古墳が築かれる。その壁画の内容・構成は、唐や高句麗の壁画古墳の影響が顕著である。

飛鳥時代前半期後半の舒明朝には、国家寺院百済大寺の造営、八角形天皇陵の創出など飛鳥時代後半期に定着する新制度が助走的に始まっていることが注目される。聖徳太子派遣の留学生らの帰国が、変革に大きく関わっているはずである。

七世紀末に始まる藤原京時代は、大宝律令《たいほうりつりょう》の制定に象徴される律令国家「日本国」の誕生期であった。その政治の中心舞台として建設されたのが藤原宮である。藤原宮は一キロ四方、面積約一○○ヘクタールと飛鳥宮の五倍以上の範囲を占めるに至った。周囲を瓦葺きの塀で囲んだ区画の中央に政治の中枢施設である大極殿と朝堂院、その北に天皇の居所である内裏を配し、これら中枢施設の東西を官衙域にあてる機能的な宮殿が生み出された。藤原宮は規模といい構造といい飛鳥宮から大きく飛躍を画した宮殿であった。

第1章で記したように「大極殿」は、中国皇帝政治の正殿の「太極殿《たいきょくでん》」に倣って建設されたものである。天帝の常居は「太極星」(北極星)にあり、「太極殿」の名の起こりは、皇帝(「天子」)は天帝の子として、地上の政治を代行するという政治思想を基にしたものである。藤原宮の「大極殿」の呼名も同様である。「天皇」称号も同様の政治思想を基にしたものであって、天武天皇頃に始まっている。諸施設を一体的に集約した宮殿構造や殿舎の配置の基本形は、後の平城宮、平安宮へと引き継がれている。

藤原宮は、宮殿では初めて礎石建ち瓦葺きの大陸様式建築が採用された点でも特筆される。大陸様式の宮殿建物は大極殿や朝堂院の建物群、宮城門で採用され、内裏や官衙の建物は伝統的な掘立柱式であった。こうした建物の使い分けも平城宮、平安宮へと引き継がれている。さらに藤原宮の周囲には、貴族や役人層が住み、官寺や氏寺、公設市場などを配置した初めての条坊制都城が建設された。それは古代中国の条坊制都城に倣ったものであった。古代中国では「天円地方」の宇宙観が浸透しており、天は円形で、地は方形の重なりで考えた。方形状の宮殿や都城はこうした「地方」の考えを基にしたものであって、藤原宮と京の構造もそれに依ったものであっ

図2　唐長安城全図

た。

藤原京では、大官大寺・薬師寺・川原寺・飛鳥寺が四大寺に位置づけられ、国家筆頭の大寺の大官大寺を左京に、右京に第二位の薬師寺が対置された。二大官寺を都城の東西に対置する制度は平城京の大安寺《だいあんじ》・薬師寺へと引き継がれる。この制度も唐長安城に倣ったものであった。

飛鳥寺・橘寺・山田寺・川原寺・檜隈寺など飛鳥諸寺の金堂は間口五間など方形に近い平面形態であったが、大官大寺は間口九間の巨大な金堂が、薬師寺では間口七間の金堂が建立されている。大官大寺や薬師寺では、飛鳥様式の特徴をとどめながらも、平城京で定着する新しい伽藍様式が始まっており、藤原京の時代は、伽藍様式が転換した時代でもあったのである。薬師寺の双塔式伽藍は、新羅の伽藍配置の影響を受けた配置であるが、双塔式伽藍様式は平城京薬師寺へ、そして平城京大寺の伽藍様式として引き継がれていく。

以上のように、藤原宮と藤原京では古代中国の宮都の影響が顕著であるが、相違点もある。たとえば、唐の長安城では皇帝が住む「宮城」と諸官衙がある「皇城」とは別区画で、北に「宮城」、南に「皇城」を配置している。藤原宮はこれら諸施設を一つの区画の中にコンパクトに集約した構造であった。また、藤原宮朝堂院には一二の朝堂が東西対称に配置されたが、古代中国の宮殿では、朝堂の数は多くない。この点も古代中国の宮殿とは異なる藤原宮の特徴である。このように、藤原宮は古代中国の宮殿に倣いながらも、独自の構造・構成を備えた宮殿として作り上げられたのであった。

平成二十八年（二〇一六）、藤原宮大極殿院南門前で、文武四年（大宝元年〈七〇一〉）の元旦朝賀儀式の際に立てた七本の幢幡《どうばん》跡が発見された。この年、三〇余年ぶりに遣唐使派遣が決定され、日本最初の体系法典である「大宝律令」が編纂、施行される。「大宝」の元号や「日本国」という国号が始まった記念すべき年でもあった。『続日本紀』に見えるこの時の元旦朝賀の儀式の記事によると、中央に三本足の烏を象った幢、東側に日像《じつぞう》・朱雀・青龍《せいりゅう》の幡、西側に月像《げつぞう》・白虎《びゃっこ》・玄武《げんぶ》の計七本の幢幡を立てて儀式を行ったとある。七本の幢幡の図像は、中国の道教的な陰《いん》陽五行説《ようごぎょうせつ》に基づく理想的な政治思想に因むものである。

高松塚古墳では天井に星宿《せいしゅく》図、側壁に日月図・四神《しじん》図、人物群像が、キトラ古墳でも天文図・日月図・四神図が描かれているが、これら壁画の内容は元旦朝賀儀式や即位式で立てる七本の幢幡の図像と共通する。古墳壁画は理想の政治が永遠に続くことを願い描いたもので、それは「天皇」称号や「大極殿」の名称の採用と相関するものであった。文武四年の元旦朝賀儀式の記事からは、律令国家「日本国」誕生の日が活き活きと蘇ってくる。

『日本書紀』天武紀によると、藤原宮の宮地は陰陽師の視占を経て決定されている。藤原宮の東・西・北には大和三山が控えており、南に飛鳥川が斜めに流れている。大和三山と飛鳥川は青龍・白虎・玄武・朱雀に見立てられたと見てよく、つまり藤原宮は四神に囲まれた宮殿立地の理想の地に営まれたのである。

以上のように、「飛鳥・藤原」の宮都・寺院・墳墓の遺産群は、天皇を頂点とする中央集権国家体制がどのように作り上げられていったのか、明確に物語っている。「飛鳥・藤原」は独自の相貌《そうぼう》を見せる中央集権国家「日本国」の形成・誕生という壮大なドラマを語る資産であり、その価値は、世界に冠たるものなのである。

四　構成資産の保護・管理

顕著な普遍的価値の証明と並んで構成資産の保存・管理が重視される。構成資産の全範囲は文化財保護法に基づく史跡・特別史跡・名勝、国有財産法による陵墓のいずれかに指定されており、現状変更を厳しく制限している。構成資産は個別に保存管理計画を策定しており、適切な保護管理を行っている。

また、すべての構成資産の周囲には緩衝地帯を設けて、構成資産を確実に保護するとともに、周辺景観の保護・管理が図られている。緩衝地帯では、「古都における歴史的風土の保存に関する特別措置法」（「古都保存法」）、「明日香村における歴史的風土の保存及び生活環境の整備等に関する特別措置法」（「明日香法」）により、地形の改変、工作物の設置、高さ・色調・意匠などに対して厳しい規制を設けている。さらに地方公共団体が定めた風致地区条例、景観条例などによって、良好な景観形成を誘導している。構成資産とその周辺の一部は、国土交通省が管理・運営する「飛鳥国営公園」として、保存・活用されている。

構成資産および緩衝地帯では、顕著な普遍的価値を保存・管理するために包括的保存管理計画を策定している。同計画に基づき、推薦資産と緩衝地帯および周辺環境の確実な保護と管理のために、国、地方公共団体からなる保存管理体制を整えている。このように、「飛鳥・藤原」の構成資産・緩衝地帯、そして歴史的風土や景観は、国家的事業として、日本で最も厳しい保護が図られているのである。ユネスコへは、こうした保護措置を講じていることをしっかりと伝えることが重要である。また、ユネスコ世界遺産委員会では、住民や国民の資産に対する誇りや愛着のあり方、資産の保護・保存への意識や取り組みなどを重視する。皆さんの思いや活動は、登録に向けて大きな力となるはずである。

【初出】「「飛鳥・藤原の宮都とその関連資産群」世界遺産登録へ向けての現状」(『飛鳥乃風たより』第二三号、飛鳥を愛する会、二〇二四年)。

第3章　飛鳥文化の形成と渡来人

六世紀末から八世紀初頭にかけての約一二〇年間、宮都は飛鳥とその周辺に集中して営まれ、飛鳥・藤原地域は政治・経済・文化の中心地として栄えた。この時代を宮都の所在地に因んで飛鳥時代と呼ぶ。同時代の政治・文化などは日本列島内でのみ自生したのではなく、東アジア世界と深いつながりをもつ真に国際性豊かなものとして成立・展開した。その形成や内容・特色を明確にするには、①渡来人、②渡来人と結んで権勢を誇った蘇我《そが》氏、③遣隋使・遣唐使、が果たした役割を考えることが重要である。

一　飛鳥への渡来人の集住と開発

渡来人は渡来時期や渡来理由によって性格が異なり、それによって飛鳥文化の形成に果たした役割にも違いがある。渡来人は大きく、①五世紀前半頃渡来の「古い渡来人」、②五世紀後半以降渡来の「新しい渡来人」、③百済滅亡時の「百済亡命渡来人」に分けて考える必要がある。

応神二十年九月、東漢《やまとのあや》（倭漢）氏《うじ》の祖・阿知使主《あちのおみ》と、その子の都加使主《つかのおみ》が渡来し、大和国高市郡檜隈《ひのくま》郷の地を与えられた（『日本書紀』）。五世紀前半頃、朝鮮半島南部から東漢氏一族が渡来して、飛鳥南西部の檜隈周辺に住み着いたのだろう。東漢氏は「古い渡来人」の代表的存在で、血縁関係にない中小の渡来氏族集団を含む総称である。彼らは灌漑用溜池などをつくって飛鳥とその西南方の檜隈、見瀬《みせ》、軽《かる》の地などの開発を進めた。渡来氏族の姓《かばね》は「史《ふひと》」「村主《すぐり》」であるが、雄略二年紀十月条に「史戸……を置く。……天皇……寵愛するところは、史部《ふみひと》の身狭村主青《むさのすぐりあお》、檜隈民使博徳《たみのつかいはかとこ》等なり」とあり、「史」姓は五世紀後半には整備されていたのだろう。東漢氏は高度な知識・技術を備え、ヤマト政権の文筆や外交の仕事を世襲し、また財政、軍事、土木、馬の飼育、手工業などに携わり活躍した。

二　百済から新しく渡来した「今来才伎」

雄略七年紀に、百済から新たに陶部《すえつくりべ》高貴《こうき》・鞍部《くらつくりべ》堅貴《けんき》・画部因斯羅我《えかきべのいんしらが》・錦部定安那《にしごりべのじょうあんな》錦《こむ》・訳語卯安那《おさのみょうあんな》らが渡来し、彼らを飛鳥の上桃原《かみつももはら》・下桃原《しもつももはら》・真神原《まかみのはら》に置き、東漢直掬《あたいつか》に管理させたとある。同十六年、東漢氏は多くの漢部《あやべ》の伴造《とものみやつこ》に任命され、「直」姓を賜る（『日本書紀』）。須恵器《すえき》・馬具・画・錦の製作や通訳などに優れた技術・才能を持つ新来の人びとは、東漢氏の指揮下に編入され、漢人《あやひと》として陶部・鞍部・画部・錦部、金作・甲作《よろいつくり》・靫作・弓削《ゆげ》・矢作《やはぎ》など多くの漢部を直接指揮、監督する任務にあたった。彼らは新しく渡来したことによって、「今来《いまきの》才《て》伎《ひと》」「今来漢人」と呼ばれた。大化以前の大陸系技術は、東漢氏—漢人—漢部の指揮系統に属するものが多い。

図1　観覚寺遺跡発見の大壁建物跡（高取町教育委員会提供）

飛鳥盆地や周辺では、韓式系土器が出土する五世紀後半以降の集落遺跡が濃密に分布し、飛鳥盆地東北方の丘陵上には、騎馬人物飾付き角杯・連環壺などの陶質土器、鉄鋌《てってい》などを副葬した五世紀後半の南山《みなみやま》古墳群が分布する。飛鳥南方の高取町清水谷《しみずだに》遺跡（五世紀後半～）や観覚寺《かんがくじ》遺跡（六世紀）では、オンドル付きの「大壁《おおかべ》作り」建物や陶質土器・韓式系土器が発見されている。これらは「今来才伎」の集住に関わる遺跡であろう。

六世紀に入ると、渡来人の文化的活動に大きな変化があり、少なくとも六世紀後半以降、東漢氏など

「古い渡来人」の知識・技能は旧式となり、それに代わって「新しい渡来人」が重用されるようになる。「今来漢人」や王辰爾《おうしんに》一族、それから分かれた船《ふな》史、白猪《しらい》史、津《つ》史はその代表的存在である。王辰爾一族は高い知識を備え、文筆、外交、交通、屯倉《みやけ》の経営などで才能を発揮し、その後も白猪宝然《ほね》や船史恵尺《えさか》、その子の道昭《どうしょう》などは外交、政治、仏教界など多方面で活躍した。

三　蘇我氏の登場と渡来人

東漢氏を支配下において飛鳥に進出した蘇我氏は、飛鳥文化の形成を考える上で極めて重要である。蘇我氏が政治の表舞台へ登場するのは、宣化《せんか》天皇の即位時（五三六年）、蘇我稲目《いなめ》が大臣に任命されてからである。稲目は、欽明三十一年（五七〇）に死去するまで三十余年の長きにわたってヤマト政権の外交・財政を担い、急速に勢力を伸張して蘇我氏の権力基盤を整えた。稲目の子・馬子《うまこ》、孫・蝦夷《えみし》も大臣となり、政治権力を掌握する。

稲目が権力を強大化させた理由には、①百済《くだら》との関係を一段と強化した外交政策をとったこと、②財政担当者として児島《こじま》屯倉・白猪屯倉、大身狭《おおむさ》屯倉・小身狭屯倉などの屯倉の設置や経営に新しい管理方式を導入してヤマト政権の財政基盤を確立したこと、③仏教を積極的に受容したこと、④娘の堅塩媛《きたしひめ》と小姉君《おあねのきみ》が欽明妃となり、外戚として権力を発揮し得たこと、などがある。新羅《しらぎ》や高句麗《こうくり》から圧迫を受けていた百済を支援する外交政策をとった結果、仏教や五経博士など新しい知識・知識人が伝来・渡来し、百済文化が従来に増して流入してきた。蘇我氏の下で外交・財政面の実務、軍事などを担ったのが東漢氏や今来漢人などの渡来人であった。

蘇我氏の本拠地は、畝傍山《うねびやま》西方の曽我川中流域の高市県《たけちのあがた》蘇我里であった。六世紀中頃、蘇我稲目は拠点を畝傍山東南方の軽の地付近に移し、軽曲殿《かるのまがりどの》を構える。やがて飛鳥川付近に小墾田《おはりだ》家や向原《むくはら》家を営む。馬子も軽の近傍に石川《いしかわ》家、槻曲《つきくま》家を造る一方で、飛鳥盆地内に進出して真神原に飛鳥寺を建立し、桃原に嶋《しま》宅を営む。飛鳥盆地内進出の背景に、「今来漢人」による飛鳥盆地内の開発があったことは疑いない。蝦夷の邸宅には豊浦《とゆら》家、畝傍山東家、甘樫丘《あまかしのおか》の上《うえ》の宮門《みかど》があり、その子・入鹿《いるか》の邸宅には甘樫丘の谷《はざま》の宮門がある。六世紀中頃から七世紀中頃、畝傍山東麓から飛鳥にかけての一帯は蘇我本宗家の本拠地であったのである。

蘇我馬子が飛鳥寺造営中の五九二年、推古《すいこ》天皇が豊浦宮で即位する。豊浦宮は、その後、飛鳥に都が集中していく契機となった、いわば飛鳥時代の幕開けを告げる宮殿であった。推古天皇の父は欽明《きんめい》天皇、母は堅塩媛で、稲目と馬子は推古天皇の外祖父と叔父にあたる。豊浦の地は古くからの蘇我氏の重要な拠点の一つであり、推古天皇による豊浦宮への遷宮には、蘇我馬子が大きく関わっていたはずである。

四　遣隋・遣唐留学生、百済亡命渡来人

推古十六年（六〇八）、聖徳太子《しょうとくたいし》は隋に留学生《るがくしょう》・僧を派遣する。最先端の文物、制度、技術、思想を直接導入して、新しい国家体制を作り上げる狙いがあった。留学生には東漢直福因《ふくいん》・奈羅《ならの》訳語恵明《おさえみょう》・高向漢人玄理《たかむこのあやひとげんり》・新漢人大国《いまきのあやひとおおくに》が、留学僧には新漢人日文（旻《みん》）・南淵漢人請安《みなぶちのあやひとしょうあん》・志《し》賀漢人慧隠《がのあやひとえおん》・新漢人広斉《こうさい》がおり、漢人・新漢人出身者が大半を占めた。語学の知識と素養が必須であったからであろう。遣唐留学生・僧も、書直麻呂《ふみのあたいまろ》、東漢長直阿利麻《ながのあたいありま》、東漢草直足嶋《かやのあたいたりしま》など大部分が渡来系の者であった。遣唐使に随員として加わった訳語・医師・陰陽師《おんみょうじ》・楽師・画師・鍛生《たんしょう》・鋳生《ちゅうしょう》などの技術者も渡来系が中心であったろう。

留学生・留学僧は隋唐で長い留学生活を送った後、旻は舒明四年（六三二）に、南淵請安や高向玄理は舒明十二年（六四〇）に新羅経由で帰国する。彼らは広い範囲の学問・知識を修めてきた。旻は中国の祥瑞《しょうずい》思想を学び、緯書《いしょ》を持ち帰り、天文の異変や祥瑞の出現に際し白雉《はくち》改元など朝廷に中国的解釈を教え（舒明・孝徳《こうとく》紀）、諸氏の子弟に周易《しゅうえき》を講じた（『大織冠伝《たいしょくかんでん》』）。南淵請安は儒学を講じ、中大兄《なかのおおえ》皇子や中臣鎌子《なかとみのかまこ》（鎌足）は請安から周孔の教えを学んだ（皇極《こうぎょく》紀）。大化のクーデター後、高向玄理と旻は「国博士」となり、政治顧問として大化後の政治に具体的な形を与える

など、留学生・留学僧は多方面で活躍し、政治体制の整備や、文化水準を高める原動力となった。

六六〇年、百済が唐・新羅連合軍によって滅ぼされる。その前後、多数の百済人が倭国に亡命してくる。亡命者には百済王朝の高位者で高い教養・学識・技能を身につけた者が多く、その一時の多数流入は渡来人の歴史上画期的なことであった。律令国家建設期にあたるこの時期は、中国的な制度・文物の整備が急務であって、亡命百済人の知識・技能は極めて貴重なものであった。

図2　南淵請安墓所伝承地

亡命渡来人には、余自信《よじしん》・沙宅紹明《さたくじようみよう》（法律）、鬼《き》室集斯《しつしゆうし》・許率母《こそちも》（学術）、谷那晋首《こくなしんす》・木素貴子《もくそきし》・憶《おく》礼福留《らふくる》・答㶱春初《とうほんしゆんそ》（兵法・築城）、憶仁《おくに》・徳自珍《とくじちん》・鬼室集信《しゆうしん》・吉大尚《きちだいじよう》・僧法蔵《ほうぞう》（医薬）、角福牟《ろくふくむ》・僧法蔵・僧行心《ぎようしん》（陰陽道）、木素丁武《ちようむ》・沙宅万首《まんしゆ》（呪禁）、僧道蔵《どうぞう》（道教）などがおり、天智《てんじ》・天武《てんむ》・持統《じとう》朝の政治、軍事、学芸、技術、医薬、陰陽など各方面で広く活躍し、奈良時代の文化形成の大きな原動力となった。天智天皇の子大友《おおとも》皇子は彼らに師事し教育を受けるなど、亡命渡来人は教育面でも大きく貢献した。

遣唐使中絶末期の持統・文武《もんむ》朝には、渡来系僧侶を還俗《げんぞく》させた例が多い。律令制度総仕上げにあたり政治・学芸・技術などを担う陣容を整える必要があったからである。一方で、薩弘恪《さつこうかく》（唐人、音博士・大宝律令《たいほうりつりょう》選定）、山田史御方《みかた》（新羅僧、文章道《もんじょうどう》）、大津首《おおつのおびと》（高句麗人、陰陽道）など唐・新羅・高句麗からの新しい渡来者もあり、彼らは百済亡命渡来人と同様に各方面で活躍した。天智七年（六六八）に新羅との国交が再開されると、新羅からの調進使、遣新羅使や新羅への学問僧の派遣など、彼我の往来が頻繁になってくる。

五　仏教文化と渡来人

飛鳥文化を最も特色づけるのは、渡来文化の代表とも言える仏教文化である。仏教公伝は戊午年（五三八）に、百済聖明王《せいめいおう》が欽明天皇に金銅《こんどう》釈迦仏像一体と幡蓋《ばんがい》、経論を献じた時とされる（『元興寺伽藍縁起《がんごうじがらんえんぎ》幷《ならびに》流記資財帳《るきしざいちょう》』など）が、公伝以前から大唐漢人鞍部村主司馬達止《しばたつと》ら渡来氏族による私的信仰があった。司馬達止は、継体十六年（五二二）に百済から渡来した今来漢人であり、高市郡坂田原（現在の高市郡明日香村坂田）に住み、草堂を結んで仏像を安置して帰依礼拝したという（『扶桑略記《ふそうりやっき》』）。

公伝後、仏教はまず蘇我稲目によって崇拝された。稲目は欽明天皇から聖明王献上の釈迦像を貰い受け、小墾田家に安置して勤修《ごんしゅ》し、また向原家を喜捨して寺としたという。敏達十三年（五八四）、馬子は鹿深臣《かふかのおみ》らが百済から持ち帰った弥勒石像などを祀るために司馬達止らに仏道修行者を捜させ、播磨国で高句麗出身の還俗僧恵便《えべん》を探し出したという。馬子は、恵便を師として司馬達止の娘嶋を善信尼《ぜんしんに》として得度させ、漢人夜菩《やぼ》の娘豊女《とよめ》を禅蔵尼《ぜんぞうに》、錦織壺《にしごりのつぼ》の娘石女《いしめ》を恵善尼《えぜんに》として善信尼の弟子とさせた。馬子は宅の東に仏殿を造って弥勒石像を安置し、石川宅に仏殿を造り石川精舎《しょうじゃ》とした、という。

図3　大野丘北塔伝承地

敏達十四年には大野丘北塔を建て、物部守屋《もののべのもりや》を滅ぼした直後の崇峻元年（五八八）、最初の本格的な伽藍寺院・飛鳥寺（法興寺・元興寺・法満寺）を建立する。

飛鳥寺は百済の助言により僧の受戒寺院として計画されたもので、百済から招聘された寺工・鑪盤《ろばん》博士・瓦博士・画工などの工人の指導によって造営が進められた。渡来氏族出身の山東漢《やまとのあやの》大費直《おおあたえ》麻高垢鬼《まこくき》と意等《おと》

図4　飛鳥大仏

加斯《かし》も造営の指揮にあたっており（『元興寺露盤銘』）、鞍部首《くらつくりべのおびと》加羅爾《からに》など「諸々の手人」が露（鑪）盤を製作するなど、多くの東漢氏や漢人が参画した。

推古十三年（六〇五）、天皇は銅・繡の丈六像などの造像を誓願して、鞍《くら》作鳥《つくりのとり》を造仏工とする。鳥は翌年、丈六像（今は飛鳥大仏と通称する）を完成させて飛鳥寺金堂に安置したという。馬具製作という高度な金工の技術を具備した渡来氏族の中から最初の仏師が出現したのである。鞍作氏は、飛鳥時代の始まりの時期に造寺・造仏に深く関わり、仏教信仰の支持者となった。

飛鳥寺創建期の単弁十弁蓮華文軒丸瓦はまさに百済様式であり、飛鳥寺東南方にある瓦窯《がよう》も扶《ふ》余《よ》亭岩里《ていがんり》瓦窯と同構造で、瓦の製作に百済工人が関与したことを裏づけている。一方、一塔三金堂の伽藍配置は高句麗様式である。飛鳥寺の最初の僧は高句麗僧恵慈《えじ》と百済僧恵聡《えそう》とであり、金銅丈六像造像にあたって高句麗大興王《だいこうおう》が黄金三二〇両を貢上しているように、高句麗との結びつきも強かった。

推古十年（六〇二）、百済僧観勒《かんろく》が渡来して飛鳥寺に住む。推古三十二年（六二四）には、観勒を僧正《そうじょう》、鞍部徳積《とくしゃく》を僧都《そうず》、阿曇連《あずみのむらじ》を法頭《ほうず》とし僧官が完備する。飛鳥時代の僧は、多くが渡来僧か渡来人出身者であった。ほかにも、天寿国繡帳《てんじゅこくしゅうちょう》の画を描いた者に東漢末賢《まつけん》・高麗加西溢《こまのかせい》・漢奴加己利《あやのぬかこり》の名が見え（『上宮聖徳法王帝説《じょうぐうしょうとくほうおうていせつ》』）、百済系漢人の漢山口直大口《あやのやまぐちのあたいおおぐち》は、白雉元年（六五〇）、詔《みことのり》を奉じて千仏像を刻み（『日本書紀』）、法隆寺金堂広目天《ほうりゅうじこんどうこうもくてん》像を造った（同光背銘）。

道昭は船氏出身で、白雉四年（六五三）入唐して玄奘《げんじょう》に学び、斉明七年（六六一）に帰国して法《ほっ》相宗《そうしゅう》を伝え飛鳥寺東南禅院に住んだ。道昭は文武四年（七〇〇）に物故して、遺言によって初めて火葬された。東大寺大仏の完成者、国中公麻呂《くになかのきみまろ》の祖父国骨富《くにのこつふ》は百済亡命渡来人であった。初期の仏教文化は渡来人によって支えられていたと見てよい。

六　学問・思想・芸術・技術と渡来人

「新しい渡来人」は、思想・学芸・技術・医薬など多分野での活躍も著しい。六世紀前半頃、『易経《えききょう》』『詩経《しきょう》』『書経《しょぎょう》』『春秋《しゅんじゅう》』『礼記《らいき》』に詳しい五経博士が渡来し、儒教の知識も伝わってくる。学問や文字の教育には『論語《ろんご》』『千字文《せんじもん》』『孝経《こうきょう》』などが教材となった。藤原宮《ふじわらのみや》跡などからは「子曰学而不……」などと『論語』『千字文』の字句を書いた習書木簡《しゅうしょもっかん》が出土している。

欽明十四年（五五三）、百済に医博士・易博士・暦博士の交代者の派遣と卜書《ぼくしょ》・暦本などの送付を要請する。翌年、医博士が送られてくる。学問・技術などの専門職は百済に依拠していたのである。推古十年（六〇二）、僧観勒が「暦本、天文地理書、遁甲《とんこう》方術の書」を献上してくる。観勒は陽胡史《やこのふひと》の祖玉陳《たまふる》に暦法、大友村主高聡《おおとものすぐりこうそう》に天文・遁甲、山背臣日立《やましろのおみひたて》に方術を教えた。また、推古二十年（六一二）渡来の百済人味摩之《みまし》は「呉」で学んだ伎楽舞《くれのうたまい》に優れ、新漢斉文《いまのあやのさいもん》らの指導にあたった。こうして日本でも専門家の養成が始まるが、学生の多くは渡来氏族出身者であった。推古十八年（六一〇）に高句麗から渡来した曇徴《どんちょう》は、五経に詳しく、彩色・紙墨・碾磑《てんがい》を造った。

推古十二年（六〇四）、高句麗系の黄書画師《きぶみのえし》と山背画師とがその姓を賜る。飛鳥寺の造営では、百済から派遣された画工が指導にあたっており、飛鳥寺や法隆寺の堂塔の壁画・彩画、さらに高《たか》松塚《まつづか》古墳やキトラ古墳の壁画、経巻の製作などには、これら画師やその後裔が関与したであろう。

庭園でも渡来人の足跡や渡来系要素が顕著である。推古二十年（六一二）、百済渡来の路子工《みちこのたくみ》が小墾田宮の南庭に須弥山《しゅみせん》と呉橋《くれはし》を築く。呉橋とは江南に多いアーチ形石橋であろう。須弥山は斉明紀にも三度登場し、同六年（六六〇）には石上池辺《いそのかみのいけのほとり》に須弥山を造立している。石神《いしがみ》遺跡出土の須弥山石は斉明紀に見える須弥山像で、庭園の水飾りであった。飛鳥時代の園池は嶋池《しまのいけ》などのように自然石を垂直に積んで護岸した方形池が主流であり、それは百済・新羅の園池に倣ったものであった。古宮《ふるみや》遺跡発見の七世紀前半の石組小池と曲溝は、最古の曲水の宴用の園池遺構である。曲水の宴も古く中国に起源し、朝鮮半島を経て日本に伝えられた。

酒船石《さかふねいし》遺跡発見の亀形《かめがた》・小判形石製水槽遺構は、斉明朝造営の水に関わる宮廷祭祀施設であり、その水槽や飛鳥京跡苑池《えんち》発見の石製水槽は新羅雁鴨池《がんおうち》の水槽と類似する。亀形水槽は、不老不死の仙境「蓬萊山《ほうらいさん》」は亀に支えられているという道教の神仙《しんせん》思想に基づくもので、唐大明宮太液《たいめいきゅうたいえき》池《ち》や雁鴨池で蓬萊山・方丈《ほうじょう》山・瀛州《えいしゅう》山の三神山に擬《なぞら》えた中島を設けて道教的神仙世界を作ることと同じ思想背景がうかがえる。

図5　指南車

孝徳・斉明・天智朝は、遣唐使の頻繁な派遣など唐との交渉が盛んな時期であって、中国系新技術導入の上でも大きな画期であった。『日本書紀』には中国系新技術に関わる記載がいくつか見える。すなわち、斉明六年の中大兄皇子による漏刻《ろうこく》の初造、天智十年（六七一）の近江大津宮《おおつのみや》での漏刻設置、天智五年（六六六）の東漢氏出身の僧智由《ちゆ》による指南車《しなんしゃ》献上（斉明四年〈六五八〉製作）、天智九年（六七〇）の水碓《みずうす》利用の製鉄炉製作、天智十年（六七一）の黄書《きぶみの》本実《ほんじつ》による水臬《みずばかり》献上、などなどである。漏刻の製作には、

図6　水臬（水準器）図
（『春日権現験記絵』より、皇居三の丸尚蔵館所蔵）

天文学や水力学など最先端の知識・科学技術が不可欠であり、飛鳥水落《みずおち》遺跡はその実態を伝えてくれる。また、それは「朝参《ちょうさん》時刻制」など唐の時刻制度・政治制度に倣った新制度の導入を意味した。

黄書本実は唐で仏足石を写して持ち帰っており（「仏足石記」）、水臬も唐からの将来品であろう。本実は持統八年（六九四）鋳銭司《ちゅうぜんし》に任ぜられており、「富本銭《ふほんせん》」は彼の知識によって製作された可能性が高い。「富本銭」「和同開珎《わどうかいちん》」の方孔円形の形態や径二・四センチの大きさ、鋳造方法は唐の「開元通宝《かいげんつうほう》」と共通する。「七曜《しちよう》」や「富本」も陰陽五行《いんようごぎょう》など古代中国の天文思想などに由来するものである。

宮殿・寺院などの土木建設工事でも、渡来人は指導者などとして大きな役割を担った。舒明十一年（六三九）の最初の天皇発願《ほつがん》寺院・百済大寺《くだらのおおでら》の造営では、書直《ふみのあたい》県《あがた》が大匠となっている。北魏永寧寺《えいねいじ》、百済弥勒寺《みろくじ》、新羅皇龍寺《こうりゅうじ》など六・七世紀の東アジア諸国の国寺では、鎮護国家仏教の象徴として九重塔の建造が盛行したが、百済大寺でもそれに倣い巨大九重塔が建立された。後の大官大寺でも九重塔は国家筆頭大寺の象徴となる。なお、書直県は白雉元年（六五〇）に安芸国に派遣されて百済船二隻の建造にあたっているように、百済系の優れた建築技術を有していたのであろう。孝徳朝の難波長柄豊碕宮《なにわのながらのとよさきのみや》では東漢直荒田井比羅夫《あらたいのひらぶ》が将作大匠《しょうさくだいしょう》に、平城京でも坂上直忍熊《さかうえのあたいおしくま》が大匠に任命されており、東漢氏一族の優れた土木建築技術力は後代まで重用されたのである。

斉明六年（六六〇）、鎮護国家の法会「仁王会《にんのうえ》」が修せられ、天武・持統朝には飛鳥や諸国で「金光明経《こんこうみょうきょう》」「仁王経《にんのうぎょう》」を盛んに読誦させるなど、鎮護国家仏教政策は飛鳥三大寺を中心に大きく展開し始める。百済大寺の造営はその出発点となった。天智天皇発願の川原寺《かわらでら》では、初めて唐様式の複弁蓮華文軒丸瓦が使用されている。仏寺の唐風化も、まず天皇発願の官寺から始まったのである。

道教思想に基づく陰陽道や風水思想も宮廷生活の中に定着し、天武四年（六七五）までには、「陰陽寮」も設置されている。都城や墳墓は風水思想に基づいて造営されるようになる。藤原宮は大和三山に囲まれた中にあり、その地は陰陽師によって風水に適った場所との視占を経て選定された。平城京も北・東・西の三方を山に囲まれており、それは「四禽図に叶い、三山鎮を作《な》し、亀筮《きぜい》並に従う」という都城建設の適地として選定されたのであった。

終末期古墳の大半が北・東・西の三方を丘で囲まれ、南に谷や低地を望む地に造墓されているのも風水思想によるものである。渡来人やその後裔は、陰陽師として視占に大きな役割を果たしたに相違ない。
『日本書紀』皇極元年（六四二）の記事には、殺牛馬・移市、河神に祈願して降雨を願った記事が見える。こうした請雨の儀礼も、中国道教の祈雨の習俗に従ったものである。祈雨の指導にあたった祝部《はふりべ》は、飛鳥周辺に住みついた渡来系氏族であったろう。大祓《おおはらえ》では、東文部（東文忌寸《やまとのふみのいみき》、書直）と西文部とが祓刀を奉り、漢音で祓詞を読むなど重要な役割を果たしている。藤原京などでの馬牛形・人形《ひとがた》・刀形・呪符木簡などの出土は道教的儀礼の定着を物語っている。

医薬関係では、欽明朝に和薬使主《やまとのくすしのおみ》が薬書を持って来朝し、孝徳天皇の時、和薬使主の子の善《ぜん》那使主《なのおみ》は牛乳を献上して和薬使主の氏姓を賜ったという。雄略朝に百済から渡来した徳来の五世の孫恵日《けいじつ》は、遣隋留学生として漢方の医術を学び、薬師《くすし》の姓が与えられている。天武・持統紀には外薬寮《とのくすりのつかさ》（令制の典薬寮《てんやくりょう》）・内薬官・医博士・呪禁《じゅごん》博士が見える。

典薬寮は医・針・按摩・呪禁・薬園を担当し、師・博士・学生が所属した。乳製品は薬餌《やくじ》で、その加工・管理は典薬寮の仕事であった。律令国家の医療は、漢方の医療・医薬とともに道教的な呪的医療が中核に位置づけられていたのである。

食事法でも唐風化などが顕著になる。索餅《さくべい》・唐菓子《からかし》などの粉食、牛乳、蘇《そ》・酪《らく》などの乳製品、油脂の使用は新伝来の漢式法の食品や料理法である。金属製の鋺・箸匙を使う食事法は、六世紀以降に朝鮮半島から貴族文化の一環として伝来し、支配者層の間に広まった。それを写した土器や木簡は、飛鳥・奈良時代の宮都での役人層などの食器として普及していく。織物関係でも雄略朝渡来の漢織《あやはとり》・呉織《くれはとり》・衣縫《きぬぬい》、その後裔の飛鳥衣縫造《あすかきぬぬいのみやつこ》など「今来才伎」の活躍が著しい。高松塚古墳壁画や天寿国繡帳のスカート衣裳は、繡帳の下絵を渡来人が描いているように、朝鮮半島の衣服の系統を引くものである。革帯は唐様式の官人衣服制を採用したもので、元明四年（七〇七）に始まったという（『扶桑略記』）。帯金具や石帯は藤原宮跡では未発見で、官人制が整う平城京で顕著になる。

飛鳥文化は政治・思想・宗教・技術などが相互に深く関わって形成されたものであり、先進的なさまざまの知識・技術を総合的に身につけた渡来人の活躍に拠るところ大であったのである。

【初出】「飛鳥文化の形成と渡来人」（日本考古学協会第七二回総会講演、二〇〇六年）。

第4章　飛鳥・藤原地域の万葉歌と考古学的成果

飛鳥・藤原の都は『万葉集』の中心舞台の一つであった。万葉歌人たちは飛鳥・藤原の都やその周辺で生活し、その舞台を、あるいは山や川などの自然を背景に多くの歌を詠み残した。飛鳥・藤原の地域には、今なお万葉時代の景観がよく残されているといわれる。

「日本人の心の故郷」ともいわれる景観が多くの人びとを魅了し、飛鳥に誘う。しかし、当時の飛鳥・藤原の地域は私たちがいま想像するよりも、はるかに人工的な景観であったことを知らなければならない。

最近の考古学は、飛鳥・藤原地域の都市景観の成立過程とその構造を蘇らせつつある。万葉歌に関わる国文学上の理解も、こうした飛鳥・藤原地域の「場」の有り様に対する理解を抜きにしては、不十分なものに終わるであろう。また、考古学の立場からも、万葉歌に詠まれた内容が当時の都の範囲や構造を考える時に、多くの示唆をもたらすことも疑いない。国文学からする記紀・万葉研究と考古学が相互の成果を真剣に学び、接近を推し進めることによって、新鮮で、豊かな古代史像の構築も期待されよう。ここでは、万葉歌との関わりも視野に入れつつ、飛鳥・藤原京の都市景観に関わる最近の考古学の成果を考えてみたい。

一　「軽街」の賑わい

柿本人麻呂《かきのもとのひとまろ》の歌に「軽市《かるのいち》」の情景を歌ったものがある。「軽」の地は飛鳥・藤原京時代にどのような性格を担った場所であったのか、まず見ておきたい。「軽」とは、現在の行政区画では、橿原《かしはら》市石川町、大軽町のあたりで、その周辺地域を指す古代からの地名である。

まず、「軽」の地一帯は、六世紀から七世紀にかけて蘇我《そが》氏の本拠地の一つであったことに注目しておかなければならない。欽明《きんめい》紀二十三年八月条には蘇我稲目《いなめ》の家として「軽曲殿《かるのまがりどの》」が登場する。懿徳《いとく》紀二年正月条に「都を軽の地に遷す。是を曲峡宮《まがりおのみや》と謂う」とあることを考慮すると、「軽曲殿」は下ツ道《しもつみち》と山田道《やまだみち》とが交差する「軽」あたりに所在したと考えられる。

敏達《びだつ》紀十三年是歳条には蘇我馬子《うまこ》が「石川宅」に仏殿をつくると見えるが、剣池《つるぎいけ》を「石川池」と呼んでいるから、これも軽の近傍に所在が推定できる。また、用明《ようめい》紀二年四月二日条には馬子の「槻曲《つきくま》家」が見える。この「槻」は「軽」を象徴する槻であった可能性が高いが、そうであれば、「槻曲家」は、蘇我稲目の家「軽曲殿」と関連し、それを継承したものであったかも知れない。皇極《こうぎょく》紀元年（六四二）四月二日条には馬子の子・蘇我蝦夷《えみし》の家として「畝傍《うねび》家」が登場する。

また、同三年（六四四）十一月の記事にも、「畝傍山東」に家を起て、池を掘って城とし、武器庫をたてて防備を固めたと見える。先の「畝傍家」に池溝を掘り加えるなどして修築したものであろうか。宮殿が磐余《いわれ》と飛鳥とに集中的に営まれた時代には、蘇我本宗家は飛鳥川左岸の豊浦《とゆら》から軽、畝傍山の東にかけての東西二キロほどの地域を本拠地とし、多くの邸宅や捨宅寺院を営んだわけである。「軽」一帯はその中心地の一つであり続けた。

推古《すいこ》紀二十年（六一二）二月庚午条によると、欽明妃で、蘇我稲目の娘である堅塩媛《きたしひめ》を欽明天皇の「檜隈《ひのくま》大陵」へ改葬するにあたり、「軽街《ちまた》」で誄《しのびごと》を奉ったとある。この「軽街」は『日本霊異記』第一話に小子部《ちいさこべの》栖軽《すがる》が鳴雷《なるかみ》を捜して阿部、山田を経て、豊浦寺を通り、「軽の諸越《もろこし》の衢《ちまた》」に至ったとあるように下ツ道と山田道との交差点が「軽街」と呼ばれたのである。推古二十年の記事に「軽街」が登場することからすると、すでに推古朝には大和の幹線道路として下ツ道や山田道が整備されていたと想定できる。推古二十一年（六一三）には難波《なにわ》から京に至るまで大道が置かれている。この時置かれた「大道」は「横大路」にあたると考えられる。このように飛鳥を中心として、基幹となる陸上交通路が整えられつつあったことになる。

なぜ、堅塩媛改葬に際しての誄が「軽街」で行われたのか。欽明天皇の「檜隈大陵」については宮内庁治定の梅山《うめやま》古墳ではなく、橿原市五条野《ごじょうの》町に所在する全長約三一〇メートルの大前方後円墳である五条野丸山《まるやま》古墳をこれにあてる説がある。平成三年（一九九一）、巨大な横穴式石室とその中から家形石棺《いえがたせっかん》二つが偶然顔を覗かせて、この説は有力視されている。下ッ道は軽街から真っすぐ南下して、六〇〇《メートル》ほど南で五条野丸山古墳の前方部中央にぶつかり、以南は地形に沿って曲折するルートに変わる。下ッ道と五条野丸山古墳との密接な関係がうかがえるのであり、五条野丸山古墳は軽街からも近い。軽街で改葬儀礼が行われた理由はそのあたりにあったのではないか。

天武《てんむ》紀十年（六八一）十月是月の記事には、「親王より以下及び群卿、皆軽市に居りて、装束せる鞍馬を検校《かむが》ふ。小錦《しょうきん》より以上の大夫、皆樹の下に列《つらな》り坐れり。大山位《だいせん》より以下は、皆親《みずか》ら乗れり。共に大路の随《まま》に、南より北に行く」と見える。ここに見える「樹」は軽市を象徴する斎槻《いつき》のことで、南から北に通る大路とは下ッ道のことであろう。軽市と、その近くを通る下ッ道を使って、装束をこらした乗馬を検閲する儀礼が挙行されたのである。

『万葉集』の柿本人麻呂が妻の死を悲しむ歌（巻二―二〇七）にも、人の行き来の多い「軽市」の賑わいぶりが歌われている。その妻は、「天飛ぶや　軽の路は　吾妹子が　里にしあれば……」とあるように、「軽の里」に住んでいた。

「軽」の名を付けた皇子や皇女の存在も注目されよう。たとえば、孝徳《こうとく》天皇と文武《もんむ》天皇は「軽皇子」と呼ばれたが、それは皇子の時に軽の地に住んでいたからであろう。東漢氏《やまとのあやうじ》の枝氏の一つに、「軽忌寸《かるのいみき》」があり、軽直《あたい》の氏族名も見える。彼らも軽の地を拠点としたのである。『日本書紀』朱鳥元年（六八六）八月の記事に、三〇年を限り封戸一〇〇戸が施入された寺として檜隈寺・大窪寺《おおくぼでら》とともに「軽寺《かるでら》」の名が見える。

下ツ道と山田道との交差点の東南方約四〇〇メートル、法輪寺一帯に「軽寺跡」がある。基壇《きだん》や礎石《そせき》が残っており、その創建は七世紀第Ⅱ四半期まで遡る。高向玄理《たかむこのげんり》（賀留大臣）建立説、軽忌寸の氏寺《うじでら》説などがあるが、詳らかではない。また、舒明《じょめい》天皇の厩坂宮《うまさかのみや》や、興福寺《こうふくじ》の前身であって藤原氏の氏寺である厩坂寺も軽の付近に所在が推定できる。厩坂寺の存在は藤原氏の本拠地の一つが蘇我氏滅亡後、軽の地に及んでいたことを推定させる。

以上のように、下ツ道や山田道、そして軽市は、推古朝まで遡って整備されていたようである。蘇我氏の邸宅ほか有力豪族や渡来系氏族の居宅も軽の付近に多数分布し、天皇の宮殿や皇子宮なども営まれた。「軽市」はその中核の位置を占め、物資流通のためのみではなく、さまざまの儀礼執行の場としても使われるなど、多くの人びとが集い賑わっていたのである。軽市とその周辺地域は、少なくとも七世紀初頭から七世紀後半の天武天皇の時代にかけて、飛鳥盆地の宮殿中枢域と密接な関連を持ちつつ、飛鳥の都の生活空間の結節点の一つとして重要な地位を占め続けていたと見ることができる。

日本最初の本格的都城、新益京《あらましのみやこ》の建設にあたっても、下ツ道や山田道が基幹道路として重要な位置を占めたことは疑いない。飛鳥時代以来、下ツ道・山田道の二道が果たしてきた歴史的役割を継承して新益京が成立した状況をうかがわせて興味深い。下ツ道は今なお国道一六九号線として名残をとどめている。下ツ道については、新益京内の数ヵ所で幅七メートルほどの東側溝を確認する成果があがっており、大道であったことをうかがわせている。しかし、七世紀前半まで遡る下ツ道の様子を知る成果はまだ得られていない。

山田道についても、飛鳥盆地内での発掘によって、新益京時代には南北に側溝をともなう幅一六メートルほどの大道として存在したこと、そして飛鳥時代に遡る山田道は、この道路跡の南側に沿って通されていたことが明らかになっている。

なお、新益京では藤原宮の北方に官市が設けられたが、新益京建設後、「軽市」はどうなったのか。それを語る文字史料を欠いている。発掘成果もほとんどなく、今後の課題としなければならない。

二　舒明天皇の国見の歌と「百済大寺」の発見

『万葉集』巻一―二には、「天皇の香具山《かぐやま》に登りて望国し給ひし時、御製の歌」という舒明天皇の歌が載っている。それは「大和には　群山《むらやま》あれど　とりよろふ　天の香具山　登り立ち　国見をすれば　国原は　煙立ち立つ　海原は　鷗《かもめ》立ち立つ　うまし国ぞ　蜻蛉島《あきつしま》　大和の国は」とある歌である。ここに歌われている情景は狭く閉ざされた飛鳥盆地内のことでは無論なく、西と北に広く展開する大和盆地を眺望した様子を歌っているのであろう。それは舒明天皇の宮殿の位置・立地とも関係しているのではないか。

舒明天皇は六三〇年に飛鳥岡本宮《あすかおかもとのみや》を営む。飛鳥盆地内に営まれた最初の宮殿である。舒明八年（六三六）には飛鳥岡本宮が焼失したために、田中宮《たなかのみや》に移り、舒明十二年（六四〇）には厩坂宮に入っている。これより先、六三九年には百済宮《くだらのみや》の造営を開始している。田中宮や厩坂宮は、飛鳥に近い甘樫丘《あまかしのおか》の北方の飛鳥盆地外に営まれた仮宮である。

とくに注目されるのは百済宮である。百済宮の造営は、『日本書紀』によると舒明十一年（六三九）七月に「大宮及び大寺を造作《つく》らしむ」と詔して、百済川の側を宮処と定めて、造営責任者として書直県を任命した時に始まる。舒明天皇は十二年に伊予行幸から帰って一時厩坂宮に入った後、同年十月に百済宮に移り、十三年（六四一）十月に百済宮で崩御している。百済宮の造営には一年三ヵ月ほどの長期間を要したらしい。飛鳥諸宮の造営期間は数ヵ月程度が一般的であったのに比べ、長い造営期間であったことが注目される。百済宮は、飛鳥岡本宮を引き継ぐ正宮であり、壮大な宮殿であったのではないか。

百済宮と並んで同時に百済大寺《くだらのおおでら》の造営も進められており、舒明十一年十二月には百済川の側に九重塔が建設されている。百済大寺は『大安寺《だいあんじ》伽藍縁起《がらんえんぎ》幷《ならびに》流記資材帳《るきしざいちょう》』が記すように火災で焼失したためか、皇極元年（六四二）九月にも、皇極天皇が「大寺を起し造らむと思欲《おも》ふ。近江と越《こし》との丁を発せ」と百済大寺の造営を命じている。

百済大寺の所在地については従来諸説があった。奈良県広陵町にある百済寺をそれにあてる古くからの説のほか、近年では、香具山西北麓の橿原市木之本町にある「木之本廃寺《きのもとはいじ》」にあてる説などが提唱されていたが、確証はなかった。

平成九・十年（一九九七・九八）、奈良県桜井市吉備にある吉備池《きびいけ》の畔で、巨大な金堂《こんどう》跡と塔跡が見つかって百済大寺跡ではないかと話題を呼んだ。発見された場所は香具山の東北方一キロほどのところである。

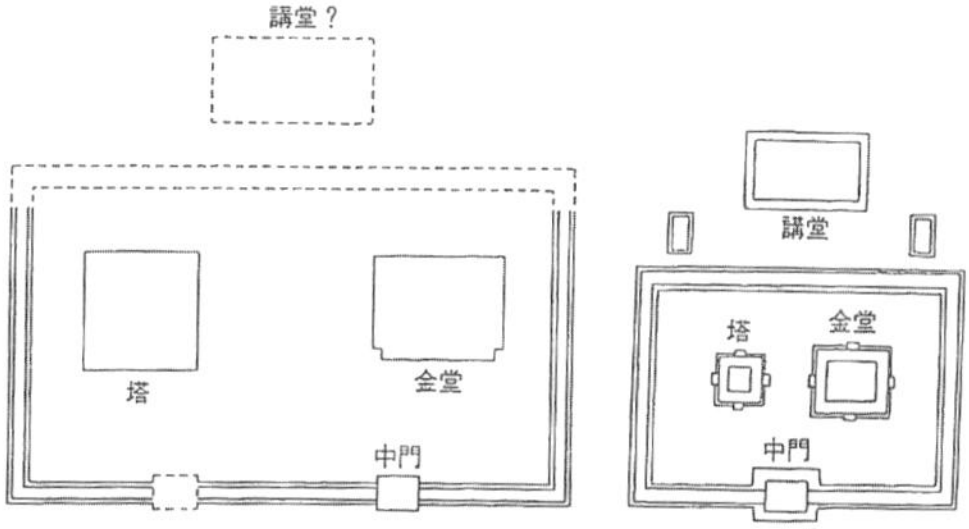

図１　百済大寺（左）と法隆寺西院（右）伽藍の規模比較

金堂の基壇は間口約三七メートル、奥行約二八メートル、高さ二メートル以上の規模を持ち、飛鳥時代の一級寺院における金堂基壇が間口二〇～二二メートル、奥行一六～一九メートル程度であるのに比べて、桁違いに大きい。塔の基壇も一辺が三〇メートル、高さ二・一メートルに及び、これもまた飛鳥時代一級寺院の五重塔の基壇が、たとえば現存する法隆寺塔は一辺一三・九メートル、山田寺塔は一辺一二・九メートルであるから、ずば抜けた大きさを誇っていたことになる。伽藍配置は東に金堂、西に塔を南向きに並列する法隆寺式配置をとることが判明したが、金堂と塔の心々間の距離は約八五メートルで、これも法隆寺西院《さいいん》伽藍の三一・五メートルを二・七倍する大規模なものであった。

以上のように巨大な伽藍が復原できるのであって、飛鳥・藤原京時代の寺院では、文武天皇によって七世紀末頃、新益京（藤原京）に造営された国家筆頭の官寺・大官大寺《だいかんだいじ》の金堂（基壇間口五四・五メートル、奥行二九・五メートル）や、塔（基壇一辺約三〇メートル、建物初層一辺長一五メートル）に次ぐ第二位の規模を誇っていたことになる。

造営年代は金堂や塔の屋根瓦の様式が手がかりになる。軒丸瓦《のきまるがわら》は単弁重弁蓮華文を飾るもので、六四一年に造営が開始された山田寺《やまだでら》所用瓦とよく似ており、それよりわずかに古い特徴を備えている。軒平瓦は杏葉忍冬唐草文《ぎょうようにんどうからくさもん》を飾るもので、木に唐草文の一単位を彫ったスタンプを同方向に押し当てて文様をつけている。そのスタンプは、法隆寺の前身で、聖徳太子《しょうとくたいし》発願《ほつがん》の斑鳩《いかるが》寺《でら》（若草伽藍）の造営、それもその後期に使用した型をそのまま利用したものである。斑鳩寺の造営工人集団・組織が百済大寺の造営に関与したことをうかがわせている。若草伽藍が完成するのは、聖徳太子没後の山背大兄王《やましろのおおえのおう》の時代で、大兄王が蘇我入鹿《いるか》の手によって殺される皇極二年（六四三）以前である。以上のような軒瓦の組み合わせが示す吉備池廃寺の創建年代は、山田寺をわずかに遡る六四〇年頃である可能性が高いのである。

軒瓦や丸・平瓦は通常の飛鳥時代寺院の瓦に比べて二割がた大型である。これは建物が巨大であることと関係するのであろう。また、瓦は単一の構成で、補修瓦がなく、しかも出土量が極めて少ない上に破片ばかりが集中する。礎石や基壇化粧石がまったく残っていないなどの特色もある。こうした特徴は比較的に短時日のうちに寺院が命脈を絶って、建物、礎石、基壇化粧石、瓦を含めて他に移建された可能性をうかがわせるのである。

以上のような特徴をもつ古代寺院は、舒明天皇が六三九年に百済川のほとりに百済大宮と並べて造営したという日本最初の天皇勅願の寺、百済大寺のものとして相応しいのである。『日本書紀』などによると、百済大寺では金堂とともに九重塔が建設されている。九重塔は後身の大官大寺まで引き継がれる筆頭の官寺を象徴する存在であって、吉備池廃寺で発見した塔基壇は大官大寺のそれに匹敵する規模を誇り、九重の巨塔のものであったと見てよい。

図2　百済大寺の軒瓦

百済大宮もこの近辺に存在したのであろう。現在この地に「百済」の地名は残っていないが、香具山西北方の藤原宮大《だい》極殿《ごくでん》跡の東南方に「百済」の地名が現存する。香具山西北方から北方一帯が古代の「百済」の地であった可能性が高い。吉備池廃寺のすぐ西側を流れる今の米川は、古代には「百済川」と呼ばれていたのかも知れない。

問題は香具山西北麓にある木之本廃寺との関係である。天武二年（六七三）には、高市大寺《たけちのおおでら》の造営に着手しているが、『大安寺伽藍縁起并流記資財帳』によると、それは百済大寺を高市の地に移したものという。木之本廃寺からは吉備池廃寺と同笵の瓦や同技法による瓦が出土しており、完形をとどめるものが多い。また、より新しい七世紀後半の瓦をともなっている。寺院遺構そのものは未発見だが、付近に寺院跡があることは疑いない。木之本廃寺は吉備池廃寺の移建先の有力候補であって、これが高市大寺である可能性は極めて高いと言える。

三　飛鳥の都の生活空間の動き

磐余から飛鳥に政治・文化の中心が移ったあと、飛鳥から香具山などの低い丘陵によって隔てられただけの磐余の地は、どう変わり、飛鳥の都との関係でどのような場所として認識され、利用されるようになったのか。それは飛鳥の都の範囲や構造、その展開を考える上で大きな意味を持ち、新益京の成立過程を明らかにする上でも重要である。

その意味では吉備池廃寺の場所が磐余のまさに中心地に位置することが注目される。たとえば、聖徳太子が青年期まで住んだ上宮や、その父・用明天皇の磐余池辺双槻宮《いわれいけのへのなみつきのみや》は、吉備池廃寺の西南方七〇〇㍍《メートル》ほどのところにある推定磐余池跡付近に推定できる。また、百済大寺の造寺司に任命された左大臣安倍倉梯麻呂《あべのくらはしまろ》の本拠地が、吉備池廃寺の東方一キロほどの所にある安倍寺《あべでら》跡一帯であることも注目される。

飛鳥盆地内の平坦地は、六世紀末に飛鳥寺が造営されて以降、宮殿・大寺院などの大規模施設が集中して営まれた飛鳥の中心地である。七世紀中頃に皇極天皇が飛鳥板蓋宮《いたぶきのみや》を営んで以降、その傾向はいっそう顕著になり、盆地内は他の場所に抜きんでた飛鳥の都の中核地としての性格を明確にしていく。いっぽう、蘇我本宗家の本拠地として早くから開けていた飛鳥川左岸の豊浦から軽にかけての地域にも、六世紀末から七世紀前半期にかけて豊浦宮、小《お》墾田《はりだ》宮、田中宮、厩坂宮などの諸宮や、多くの寺院が営まれており、飛鳥盆地内と並ぶ中心地の一つともいうべき位置を占めた。だが、蘇我氏滅亡後の七世紀後半には、宮殿が営まれることはなくなり、中核地域としての地位を失っていく。

図3　磐余地域

百済大寺跡の発見によって、磐余の地も七世紀前半の一時期、中核地の位置を占めていたことが明確になった。飛鳥岡本宮焼亡後、舒明天皇は田中宮、厩坂宮などを転々とするが、これらはあくまで仮宮というべきものであって、中核となる宮殿は百済大宮であった。

しかし、皇極天皇によって飛鳥板蓋宮が営まれて以降、磐余は中核地の位置から後退していく。百済大寺の高市大寺への移建はそれをさらに決定的なものとしたであろう。

飛鳥板蓋宮以降、諸宮が盆地内に集中的に営まれるに及んで、盆地内の平坦地は宮殿・官衙《かんが》などの公的施設、大寺院などで埋め尽くされるようになる。

一方、天智《てんじ》・天武天皇の時代には中央集権的な国家の政治体制がしだいに整い、官僚制も整備が進み、官人層も増加していくが、それとともに政権を支える豪族層や官人層の飛鳥周辺への居住も顕著になっていった。こうした動きとも関わって、皇子宮や豪族層の居宅、氏寺などは、飛鳥盆地縁辺の丘陵傾斜地や山間の狭い平坦地にも構えられるようになり、飛鳥盆地とその縁辺の土地利用は隅々まで及ぶようになる。そして、たとえば山田寺や坂田寺《さかたでら》などのように丘陵地を大規模に造成して伽藍などを建設することも顕著になってくる。

こうした動向に呼応するように盆地外の地域にも皇子宮や豪族層の居宅・氏寺などが展開する

図4　坂田寺の立地

ようになってくる。たとえば、万葉歌に歌われた高市皇子の香来山宮《かぐやまのみや》(巻二―一九九)は、香具山西北麓に所在が推定できる「埴安池《はにやすのいけ》」の近く、すなわち木之本廃寺の近傍に構えられた。大《おお》津《つ》皇子の「訳語田《おさだ》舎」も磐余池の近く、吉備池廃寺の近くに所在が推定できる。壬申《じんしん》の乱《らん》で活躍した大伴吹負《おおとものふけい》の「百済家」は、香具山の北方ないし西北方で、耳成山《みみなしやま》の東方にあったらしい。香具山西方の藤原宮《ふじわらのみや》地域での発掘では、七世紀後半に建物が多数営まれるようになる動向が明らかにされている。

すなわち、飛鳥の都の居住区としての空間利用は飛鳥外縁の広範囲に及び、かつ濃密になっていった様子をうかがい知ることができるのである。同時に、かつて飛鳥の都の中核地としての役割を担ってきた飛鳥川左岸の豊浦から軽に至る地域や、磐余地域はかつての役割を終焉して、こうした外縁地域に転じていく。しかし、たとえば軽の地が天武天皇時代にかけて、飛鳥の都の生活空間の一つとして重要な位置を保ち続けていたことも注目しなければならない。

四　「壬申の乱平定以後の歌二首」と天武天皇時代の飛鳥の都

『日本書紀』によると、斉明天皇は盛んに土木工事を興したという。それは飛鳥の都づくりが、本格化したことを示すと理解すべきものであろう。飛鳥水落《みずおち》遺跡・石神《いしがみ》遺跡などでの発掘はこの時期、宮殿建築がかつてないほど大規模で、かつ精緻な内容で行われるようになったことを目のあたりに示している。また、先に見たように、この時期以降、飛鳥盆地やその周辺地域を含めて遺跡分布が顕著になり、空間利用も広域化する。斉明紀五年（六五九）七月の「京内」の諸寺に盂蘭盆経《うらぼんきょう》を説かせたという記事は、飛鳥に行政区画、都市生活空間としての「京」が成立していたことを示す最初の記事として注目されるものである。天武紀には「京」「京師《けいし》」「倭京」「京内」など京の語がさらに頻出するようになる。「京内」の行政などを管轄する役所「京職《きょうしき》」の存在を示す記事もある。こうした「京」の成立は、上に見てきたような、七世紀後半における飛鳥を中心とした居住域を含めた空間利用の広域化・濃密化の動向と密接に関係しているのであろう。

平成八年（一九九六）、「藤原京は古代最大都市―平城・平安京をしのぐ―」という大見出しが新聞各紙を飾ったことを記憶されている方は多いであろう。奈良県橿原市土橋《つちはし》遺跡で、藤原京の条坊の西端を示す南北道路が発見されたのである。その場所は岸俊男による有力な藤原京復原説の西端である下ツ道から約一・六キロも外側であった。これまでもその間の各所で条坊道路が発見されていたが、東西条坊道路がこの南北道路以西には延長しない所見が得られたのである。

その後、桜井市上之庄《うえのしょう》遺跡でも、藤原宮の中軸線を挟んで土橋遺跡と東対称位置で南北道路が発見されるに及んで、藤原京の範囲は東西が五・三キロとなることが明らかにされた。平城京《へいじょうきょう》や平安《へいあん》京が東西幅約四・三キロであるから、藤原京はそれらよりも一キロも広かったということになる。この成果をもとにして、藤原京は藤原宮をその中心に置く東西・南北約五・三キロ四方の広大な京域を占めるとする復原説が提示され、報道が取り上げたように大きな話題を呼んだのだった。それは『周礼《しゅらい》』考工記が中国都城の理想として取り上げている都城制に、忠実に則った極めて計画性の高い内容で建設されたものであったというのである。

ここに復原されているような形で藤原京が計画的に建設されたものかどうかが問題として残る。この課題を説き明かす重要な鍵の一つは、以上で述べてきたような藤原京建設以前の飛鳥とその周辺における土地利用の歴史との関係の解明である。

行政区画としての飛鳥の「京」が少なくとも天武天皇時代に成立していたことは疑いない。この「京」の範囲は『日本書紀』の天武天皇九年（六八〇）五月の記事にある「京内廿四寺」の諸寺の分布の検討から、飛鳥盆地内に限られず、南は檜隈・坂田、西は下ツ道のあたり、北は後の藤原宮地を含む横大路《よこおおじ》のあたりまで、東も安倍寺跡付近までの広域に及んでいたと考えることができる。天武紀十三年（六八四）三月の「天皇、京師を巡行《めぐりゆ》きたまひて、宮室之地を定めたまふ」とある記事は、藤原宮造営地の決定を示すものであるが、この記載からは、その「宮地」は、天武天皇時代の「京師」内に含まれていたと判断できるのである。それは先の「京内廿四寺」の分布状況とも矛盾がなく、皇子宮や豪族、官人層の居宅の分布の動向とも相応するのである。すなわち、藤原京への遷都決定以前の天武天皇時代に、後の藤原宮地を含む藤原京の主要部の広域が、政権を構成する有力者層や官人層の居宅の濃密な分布域として「京内」と認識され、行政区画の中に取り込まれていたと見られるのである。

ところで、『日本書紀』は藤原京のことを「新益京」と呼んでいる。これは飛鳥の「もとの京」から「京」がその西北に拡大して「新しく益した京」と認識されたことに因む呼び名と解されてきた。しかし、「もとの京」が天武天皇時代に、後の藤原京域をも含む広域に及んでいたとなると、別の理解が必要となろう。問題は天武五年（六七六）から十一年（六八二）の間に新都の候補地として登場する「新城」の語との関係である。「新城」とは「新しい都城」の意であろう。本居宣長《もとおりのりなが》が指摘したように「新益」＝「新城」であって、「新益」も「新城」も同じ地域を指す語と解することができるのではないか。ともに飛鳥の京が、とくに天武朝に、後の藤原宮や京の中核となる地域をも取り込んで展開、整備していった状況を背景として生まれた呼称であろう。藤原宮下層や京内下層、薬師寺《やくしじ》下層などでの発掘成果によると、この天武天皇時代の京にも条坊街路が施行されており、藤原京は、この前身の条坊地割の基準を継承しつつ建設されたことが明確にされつつある。「新益京」とは、こうした前史に因む呼称と見られるのである。

一方で、持統《じとう》・文武天皇時代に藤原京の四大寺に格付けされていた飛鳥寺と川原寺《かわらでら》が所在した飛鳥盆地内の山田道以南では、藤原京の条坊計画に沿って新たに都市改造を行った形跡を認めることはできない。石神遺跡ではこの時期に、藤原京の条坊計画にはのらない幅約七メートルの東西道路と幅約一五メートルの南北道路が新たに設けられたことが明らかにされてきている。藤原京＝「周礼」型都城説が強調する「計画性」の内実は、改めて問い直されなければならないのである。

また、藤原京の街区は、平城京が「左京三条三坊十五坪」などのように没個性的な地番表示が採用されているのとは異なって、「林坊《はやしまち》」「小治町」「軽坊」などのようにその場所の飛鳥時代以来の地名でもって呼ばれている。平城京に比べて造都の不徹底さを思わせるのであって、「新益京」の語やこうした条坊街区の呼び方には、飛鳥で育まれた歴史の上に、それを基にして成立した藤原京の都城発達史上における位置がにじみ出ていると思うのである。

『万葉集』巻十九には「壬申の乱の平定せし以後の歌二首」として、「大王《おおきみ》は神にし坐《ま》せば赤駒の匍匐《はらば》ふ田ゐを京師《みやこ》となしつ」「大王は神にし坐せば水鳥の多集《すだ》く水沼《みぬま》を皇都となしつ」の二首が載せられている。この二首は飛鳥浄御原宮《きよみがはらのみや》のある飛鳥盆地内のことを歌ったものとしたのでは、七世紀後半以降における飛鳥盆地内の都市化の進展状況から見て、説明がつかない。考古学的成果を見てくると、天武天皇が後の藤原宮域やその周辺、そして飛鳥川左岸地域などを含む広域をその「京」と定め、実際に条坊道路を設けて都市建設を進めた事業を讃えた歌とすると納得がいくのである。その範囲にはまだまだ農村的な景観も残っていたのであろう。

【初出】「考古学的成果―飛鳥・藤原京―」（『國文学』第四三巻九号、学燈社、一九九八年）を改題。

第5章　考古学から見た斉明朝

一　飛鳥の範囲

従来の日本古代史あるいは考古学の定説では、天武《てんむ》朝に画期があって、この時期に古代律令《りつりょう》国家の原型ができあがったと考えられている。私は、飛鳥で長年発掘調査に携わってきたが、その過程でそれより前の斉明《さいめい》朝にも、一つの画期があったのではないかと考えるようになった。

そのきっかけは、昭和五十六年（一九八一）に実施した飛鳥水落《あすかみずおち》遺跡の発掘調査にある。この発掘で飛鳥水落遺跡は、斉明天皇の時に皇太子中大兄《なかのおおえ》皇子が日本で初めて造ったという漏刻《ろうこく》と漏刻台の遺跡であることを明確にする成果があった。漏刻を初めて造ったということの歴史的意義を考えていくうちに、斉明朝に一つの画期があったのではないか、と考えるようになったわけである。ここでは、最近の発掘成果を紹介しつつ、斉明朝における飛鳥の都づくりの画期と、飛鳥の「京」の成立に関して問題を提起したいと思う。

まず、飛鳥の範囲はどう捉えるべきか。飛鳥というと、飛鳥盆地の南北二キロ、東西三〇〇～五〇〇メートルほどの狭い範囲が考えられがちである。確かに、盆地内は飛鳥の中心地であり、天皇の宮殿や大寺院などで埋めつくされた景観ではなかったかと思われる。しかし、宮殿や多くの寺院はより広い範囲に分布しているし、さらに飛鳥時代の重要遺跡は、南は檜隈《ひのくま》・稲淵《いなぶち》の地まで、北は耳成山《みみなしやま》付近まで、東は山田・阿部のあたりまで、西は畝傍山《うねびやま》東麓付近までの南北六キロ、東西五キロほどの広域に分布している。

この範囲には、たとえば天武天皇の皇子である高市《たけち》皇子や大津《おおつ》皇子などの皇子宮、蘇我《そが》氏や大《おお》伴《とも》氏などの有力豪族層の居宅、有力豪族層発願《ほつがん》の氏寺《うじでら》などが多数造営された。そして官人らの居住区にもあてられ、下《しも》ツ道《みち》と山田道《やまだみち》とが交差する軽《かる》の地には、彼らの生活を支える「軽市」が設けられた。これら地域は飛鳥の都市的空間の一翼を担った地域であり、それは後の藤原京《ふじわらきょう》域の大半を含み、重なっているのである。こうした都市的空間の骨格となる形で、下ツ道・中《なか》ツ道・上《かみ》ツ道・横大路《よこおおじ》、あるいは上ツ道の延長である山田道などの古代幹道が七世紀初頭頃には整備されていたようである。

この地域の南はずれに、キトラ古墳がある。飛鳥西南方の丘陵地にあたる檜隈や真弓《まゆみ》の谷間の地は、天皇の陵墓などが集中して営まれた「陵墓の地」であり、東漢氏《やまとのあやうじ》一族など渡来人たちが住みついたところでもあった。

これら地域は飛鳥盆地と一体的な歴史を歩んだ地域であり、飛鳥の都は、これらの広範囲を含めて考えなければならない、ということを強調して前置きとする。

二　斉明天皇の宮殿——後飛鳥岡本宮

斉明天皇が同二年（六五六）に造営した後飛鳥岡本宮《のちのあすかおかもとのみや》の場所については、明治以来、二説があった。一つは香具山《かぐやま》南方説で、大官大寺《だいかんだいじ》跡付近に推定する説である。もう一つは飛鳥寺《あすかでら》南方説で、「伝飛鳥板蓋宮《いたぶきのみや》跡」地に当てる説である。「飛鳥板蓋宮」は、大化のクーデターで、蘇我入《いる》鹿《か》斬殺という政変劇の舞台となった皇極《こうぎょく》天皇の宮殿（六四三〜六五五年）で、斉明元年（六五五）に焼亡した。飛鳥板蓋宮の場所については、江戸時代以来、明日香村岡集落西北方の水田地帯に推定されてきた。この地では、宮殿遺跡が重層していることがわかっており、現在は、それらをまとめて「飛鳥宮跡」と呼んでいる。

飛鳥宮跡の発掘調査は、昭和三十四年（一九五九）に開始されて以来、今日まで続けられている。飛鳥宮跡は上層宮殿と下層宮殿とがあることが分かっていて、下層宮殿は舒明《じょめい》天皇の飛鳥岡本宮跡と皇極天皇の飛鳥板蓋宮跡、上層宮殿は後飛鳥岡本宮跡と天武天皇の飛鳥浄御原宮《きよみがはらのみや》跡とされている。

上層の後飛鳥岡本宮跡は、内外二重の塀によって「内郭」と、これを大きく囲む「外郭」とから構成されている。

「内郭」は、東西約一五八メートル、南北約一九七メートルの範囲を占めており、周囲を掘立柱《ほったてばしら》塀で囲んでいる。この掘立柱塀は、太さ三〇センチの円柱を約三メートル間隔で立て並べ、屋根をのせ、柱間を壁で塞いだ大規模なもので、幅五・五メートル、高さ〇・二メートルほどの基壇《きだん》を備え、その両側に石組雨落溝をともなっている。「内郭」南面の中軸線上には、東西五間×南北二間の南正門が開いている。

「内郭」の内部は、東西掘立柱塀によって「南区画」と「北区画」とに二分されており、「南区画」は東西一五八メートル、南北約四五メートルの範囲を占めていた。「南区画」の南正門のすぐ北方の中軸線上には、正殿が建てられている。正殿は、東西七間（二〇メートル）×南北四間（一一・二メートル）の四面《しめん》廂《びさし》付掘立柱建物で高い床張りであり、その前庭と周囲は小砂利敷で舗装されている。ちなみに、正殿から南正門までの距離は一二メートルで、正殿前庭は決して広くはない。正殿の北面中央からは北区画へ向かって石敷《いしじき》通路が延びている。

正殿前の東西には、南北一〇間×東西二間の掘立柱建物がそれぞれ二棟ずつ配置されていて、これらは脇殿で、「朝堂《ちょうどう》」にあたる建物だろう。なお、正殿と脇殿との間には南北塀が設けられている。

内郭の「北区画」は、東西一五八メートル×南北一五一メートルの正方形の範囲を占めている。区画の南部

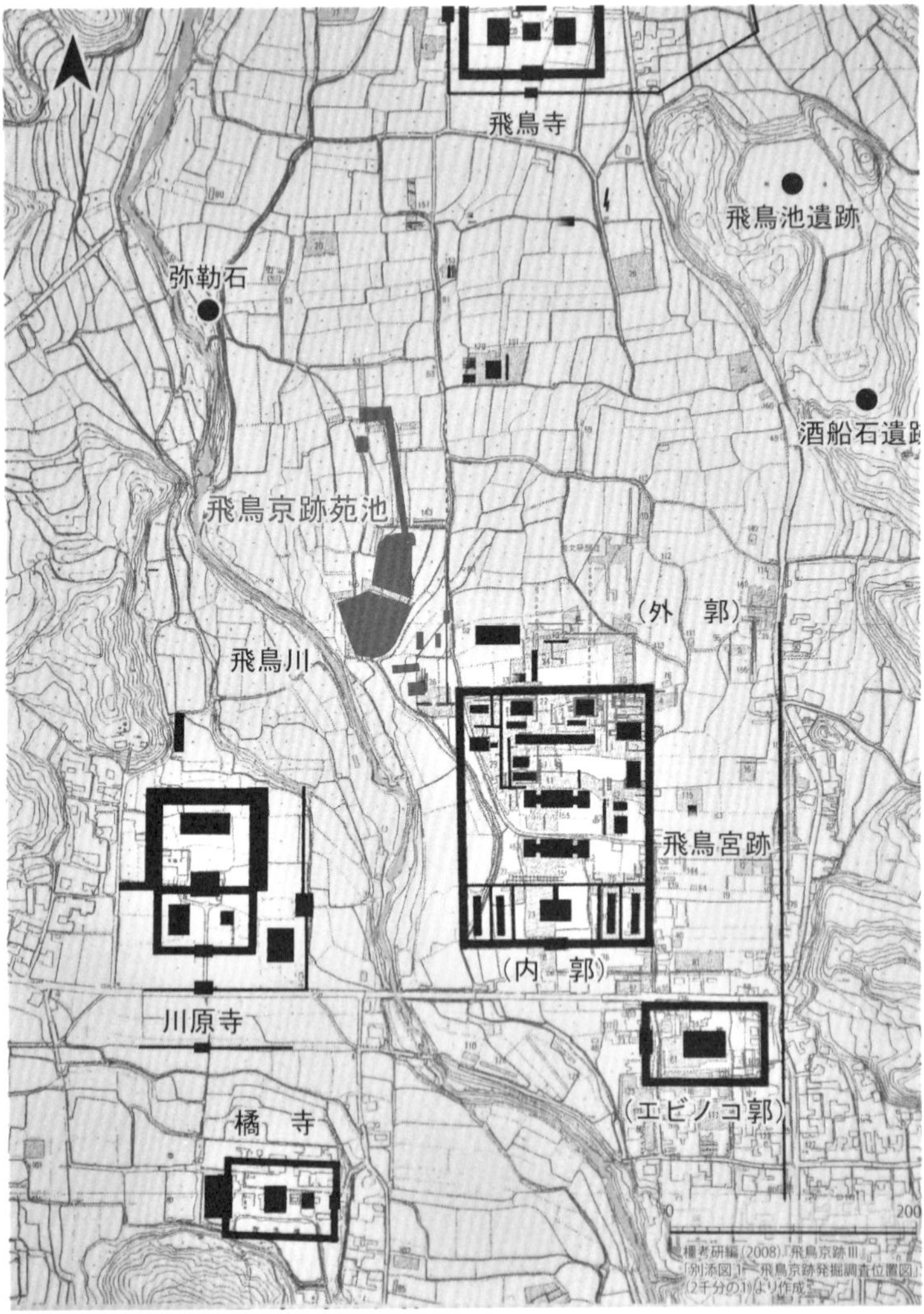

図1　飛鳥宮跡と周辺の遺跡

中央には、同規模・同構造の南正殿と北正殿とが南北に並んで建てられていた。両正殿は、東西八間（二三・五メートル）×南北四間（一二・二メートル）の切妻建物で、高さ二メートルほどの高い床張りであったようだ。両正殿の東西両脇には、東西三間（九メートル）×南北四間（一二・二メートル）の脇殿があり、二間×二間の廊下で正殿と脇殿をつなげている。全体では、東西一八間（五四メートル）×南北四間（一二・二メートル）の巨大建物となる。石組雨落溝をともなっており、建物群の周囲は全面石敷で舗装されていた。

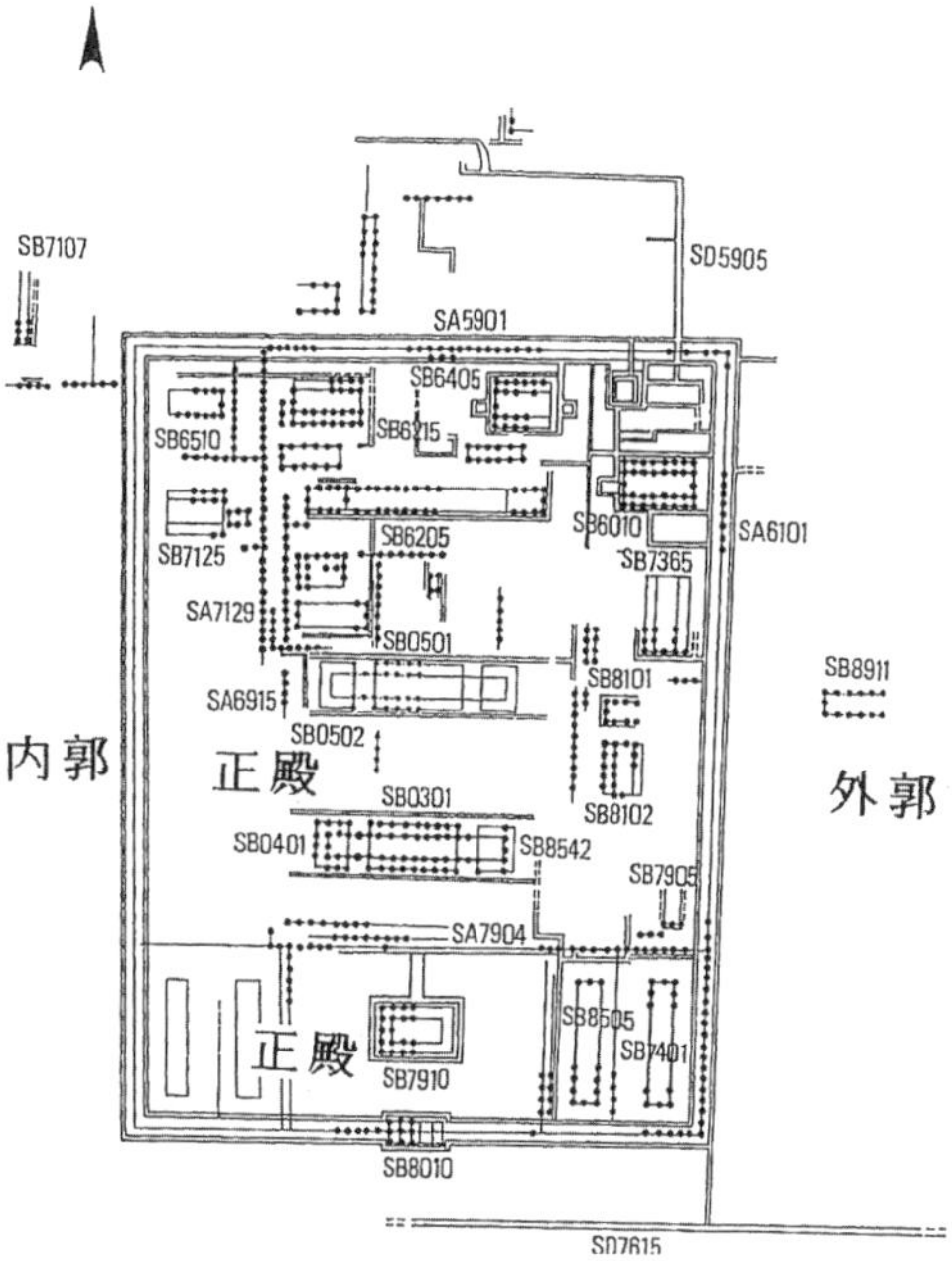

図2　飛鳥宮の内郭

南正殿の前庭は南北幅一二メートルを測り、全面バラス敷となっていて、北正殿の前庭は南北幅二一・五メートルを測り、全面石敷でていねいに舗装されていた。

　正殿群の建物の柱穴には柱抜き取り穴が重複しており、藤原宮《ふじわらのみや》期に解体されたことがわかった。南正殿は、諸臣を引き入れて儀式などを行う殿舎で、『日本書紀』に見える「外安殿《とのあんどの》」に、北正殿は天皇の住居で、「内安殿《うちのあんどの》」と呼ばれた建物であったと考えられる。

「北区画」の中央部の東西や北部には、高床張りの掘立柱建物が建ち並んでいる。北部の建物は東西棟で、一方、東部の建物は南北棟が多い傾向にあり、各建物間は短い塀で区分されていた。建物外の空間は全面ていねいな川原石敷で舗装されている。北区画の東北隅には、石敷の洗い場や石組排水溝を備えた大井戸が設けられ、宮廷儀礼などに用いる霊水を汲み上げる特殊な井戸であったと考えられる。

内郭は全体で三〜四ヘクタールほどの広さがあり、それは藤原宮・平城《へいじょう》宮・平安《へいあん》宮の内裏《だいり》内郭とほぼ同規模であり、内裏的性格の空間であったと考えられる。北区画の正殿の北方や東方にある建物群は「後宮《こうきゅう》」にあたると想定される。

内郭の周囲には、外郭が設けられた。飛鳥盆地平坦地の東端、すなわち、内郭東限塀から東へ約一〇六メートルの所では南北掘立柱塀が発見されている。この塀は飛鳥盆地の東縁を南北に走り、その東側には石組で護岸した南北溝があり、外濠にあたる溝と考えられる。なお、一〇六メートルは小尺では三六〇尺、大尺では三〇〇尺にあたり、造営の計画性をうかがわせる。

外郭東限の南北塀は五条が確認されており、ほぼ同位置で何度も造り替えられていた。最古の塀は七世紀中葉以降に設けられたもので、最後の塀は簡素なものだったが、八世紀後半まで存続したことがわかっている。これらの東限塀や外濠は、後飛鳥岡本宮や飛鳥浄御原宮の東を限る施設であったと考えられる。

外郭の範囲は、西限を飛鳥川岸までとすると、外郭の東西幅は三〇〇メートルほどとなり、南北長は三二〇メートル以上となる。外郭の内部では、掘立柱建物が何棟か発見されており、建物外はバラス敷で舗装されていた。外郭の東西幅は藤原宮・平城宮の「内裏外郭」とほぼ同大であり、藤原宮や平城宮の内裏外郭と類似した性格の一郭であったかと推定される。藤原宮や平城宮の内裏外郭には、天皇の日常生活に深く関わる官衙が置かれたと考えられている。

内郭の北限塀から北へ約三八〇メートル地点、すなわち、飛鳥寺南限の南方にあたる場所で東西石組大溝が発見されている。石組溝は幅一・八メートルほど、深さ〇・八メートル以上で、三段の石積で護岸されていた。ただ、石組大溝に平行する掘立柱塀は発見されておらず、飛鳥宮跡の北限施設は未確認と言わなければならないが、後飛鳥岡本宮や飛鳥浄御原宮の南北長は七〇〇メートルほどであった可能性が高いと見ることができよう。

以上述べてきた宮殿跡の年代については、外郭の東を限る石組溝の下層にある落ち込みから出土した「大花下《たいかげ》」などの記載のある木簡群が手がかりを与えてくれる。「大花下」は、大化五年（六四九）二月から天智《てんじ》三年（六六四）二月までの間に使用された官位名で、木簡とともに六五〇～六六〇年頃の土器が出土している。上層の宮殿遺構は、これら遺物が示す年代を遡らないことになる。木簡などが示す時期、すなわち、斉明天皇時代の宮殿、後飛鳥岡本宮の存在をも示唆しているのである。

三　酒船石と亀形石造物

(1) 酒船石

酒船石《さかふねいし》は、飛鳥盆地の東を限る多武峰《とうのみね》の山塊から盆地の方へ派生してくる一筋の丘陵尾根上の最高所に置かれている。飛鳥寺の東南方で、近年、話題を呼んだ飛鳥池遺跡《あすかいけ》の南側の丘陵上にある。酒船石は、東西五㍍《メートル》、南北二㍍《メートル》、厚さ一㍍《メートル》を超える花崗岩《かこうがん》巨石の上面に、円形あるいは楕円形状、隅の丸い長方形状の凹みを複数個彫り凹め、これらを断面U字形の浅い真っすぐな溝でつないだ特異な石造物である。東から西へわずかに傾斜するように据えられているが、下に大きな根石が認められ、ほぼ本来の状態を保って据わっていると考えてよいと思われる。南側と北側は、江戸時代に楔《くさび》を入れて割り取られ失われているから、もとはさらに大きな石造物であった。

本居宣長《もとおりのりなが》は、明和九年（一七七二）三月二日に酒船石を訪れ、「清酒を造る石」という地元の言い伝えを『菅笠日記《すがかさのにっき》』の中で紹介している。考古学的には、「水銀朱」を作る施設説、「菜種油」を精製する施設説など諸説があり、松本清張が『火《ひ》の路《みち》』の中で「ペルシャ・ゾロアスター教の聖酒製造施設」説を唱えたことはよく知られている。飛鳥には、性格や用途を明確にしにくい不

図3　酒　船　石

図4　酒船石遺跡発見の石垣

思議な石造物が数多くあるが、酒船石も、そうしたものの一つである。

私は、酒船石は一種の庭園施設で、たとえば、水を流して杯などを浮かべ、杯が流れいく方向によって占いや呪《まじな》いを行う祭祀・儀礼施設の一部ではないか、と考えている。ところで、昭和十年（一九三五）、酒船石の南一〇メートルほどのところから「車石」と呼んでいる切石が一六個発見された。車石は長さ一メートル、幅〇・四メートル、厚さ〇・五メートルほどの花崗岩切石製で、その上面の中央に酒船石の上面に穿たれた溝とよく似た幅一〇センチ、深さ五センチほどの断面U字形の真っすぐな溝を彫り凹めており、中には溝が直角に曲がるものもある。酒船石と一連のもので、酒船石への導水施設と考えてよいだろう。

(2)　酒船石遺跡での石垣遺構の発見

酒船石遺跡では平成四年（一九九二）に大きな発見があった。酒船石の西北方五〇メートル、丘陵の北斜面の中腹、すなわち標高一三〇メートル、水田面との比高約二〇メートルのところで石垣が見つかったのである。のちに亀形《かめがた》石造物などを発見した谷奥の南側で、ほぼその真上にあたる場所となる。石垣は、約一メートル大の花崗岩切石を一列に埋め並べて、これを基礎にその上に長さ三〇センチ、奥行二〇センチ、厚さ一五センチほどの凝灰岩《ぎょうかいがん》質砂岩切石を積み上げたもので、切石積は七段分が確認されたが、本来は一〇段ほどで、二メートル近い高さの石垣であったようだ。石垣を築くにあたっては版築《はんちく》工法によって平坦な段を造成し、その段上に構築しており、現在もその段が丘陵の東側中腹を巡っている様子が観察できる。石垣の裏側では、版築による整地土が厚さ三メートル以上に及んで確認できた。なお、凝灰岩質砂岩は天理市布留周辺で産出する「石上山《いそのかみやま》」産のものであった。

平成七年（一九九五）、酒船石がある丘陵の西南部、つまり飛鳥宮跡側にあたる丘陵の頂部から裾部にかけての場所で発掘が行われ、ここでは四段に築かれた大規模な石垣を発見する成果があった。

まず、丘陵頂部では、高い部分を削り、その土を斜面側に版築工法によって盛土整地して平坦地を広げる造成跡が確認できた。斜面中腹の標高一三〇メートル付近では、平成四年に丘陵の北側で発見されたものと同構造の石垣や版築工法による段、整地跡が発見され、これは最上段の石垣にあたる。第二段目の石垣は、標高一二一メートル付近にあり、高さ一・三メートル以上の花崗岩大石を粗く加工した切石を用いたものである。第三段目の石垣は、標高一一八メートル付近にある列石で、長さ一・八メートル以上、高さ一メートル以上の花崗岩切石が使われており、修築した跡が認められた。最下段石垣は、丘陵裾部に高一・六メートル、幅一メートル、奥行一・二メートルほどの花崗岩切石を立て並べた列石で、東西に並んで五石が原位置で確認でき、未発掘部分へも、同様の大石が続いている様子も観察できた。この最下段の列石の前面の平坦地には、凝灰岩質砂岩を一辺約三五センチ大の方形に整えた切石が敷き詰められていた。

平成十五年（二〇〇三）の発掘では、酒船石がある丘陵の背面側斜面でも、階段状に据えた花崗岩切石の基礎石と、その周辺から多量の凝灰岩質砂岩切石が散乱した状態で見つかった。石垣は酒船石のある丘陵全体を巡っており、総延長七〇〇メートル近くに及んでいたのである。これらの切石積みは、宮殿側から眺めると、あたかも石の山のように見えたのではないか。

石垣の年代は、それを確定する資料を欠いているが、最下段前方の石敷上からは天武朝の土器が出土しており、その頃までは遡ることが判明し、何度か修築されていることも注目される。この巨大石垣は何なのだろうか。『日本書紀』に注目すべき記事がある。

(3) 酒船石遺跡の石垣・列石の性格

酒船石遺跡の石垣や列石については、斉明二年（六五六）紀や同四年（六五八）紀に出てくる宮の東の山に築いたという「石垣」「石山丘」にまさにあたるものだろう。天武天皇の飛鳥浄御原宮跡説が定説化している飛鳥宮跡は、斉明天皇の後飛鳥岡本宮を引き継いで、それを利用しつつ改造を加えたものと考えられている。後飛鳥岡本宮や飛鳥浄御原宮の東を限る南北掘立柱塀と石組溝は、酒船石遺跡のある丘陵の西側裾近くまで及んでいることがわかっている。その付近のゴミ捨て穴から、斉明朝頃のものと見てよい土器群とともに、七世紀中頃から後半にかけての木簡が出土しており、その中に前述の「大花下」の記載のあるものが認められる。

酒船石遺跡がある丘陵の東北側の谷間では、斉明紀に見える「狂心《たぶれごころ》ノ渠《みぞ》」跡かと見られる大きな溝跡が発見されている。自然流路を改修して設けた大溝である。石垣などの石材となった凝灰岩質砂岩は天理市布留の石上山付近産出のものであったことも、この大溝が「狂心ノ渠」跡とする推定を補強する。

酒船石や車石は、石垣や石列、丘陵上の整地と一体的なものだろう。丘陵頂部の平坦に造成した所に掘立柱建物などが建っていたのではないか。後に述べる亀形石造物や石敷・石垣施設もこれらと一連する施設であったと考えることができよう。

酒船石遺跡の全体を、斉明紀に多武峰に造ったとある「観」＝「両槻宮《ふたつきのみや》」跡と考える説がある。「両槻宮」は「天宮《あまつみや》」とも言われ、道教の寺院の「道観」のことと考えられている。確かに、亀形石造物施設などには道教的信仰に関連した呪的性格がうかがわれるが、「石山丘」＝「両槻宮」説は証明されていないし、無理があるように思われる。

『日本書紀』の記載からは、斉明（皇極）天皇の「神祭りする女帝」像が強くうかがわれる。斉明（皇極）天皇は、道教関連施設としての「両槻宮」の建設のみでなく、「祈雨」など道教的信仰が重なった「古道」を重んじた神祭りを盛んに行っているし、亀形石造物施設もその一例といえるだろう。重要なことは、斉明朝の政治や施設を宗教・精神史的視点から捉え直すことで、酒船石遺跡での新成果は、私たちにそれを強く訴えかけている。

(4) 亀形石造物と石垣・石敷施設の発見

平成十一・十二年（一九九九・二〇〇〇）に亀形石造物などが発見された場所は、酒船石の西北方で、北側から入り込んでくる谷の最奥部で、同じ谷の出口に近いところが、富本銭《ふほんせん》鋳造遺構などの工房跡の発見で有名になった飛鳥池遺跡である。

石組・石敷施設は、谷奥の平坦地からその東西両側の丘陵裾部に及ぶ東西約三五メートル、南北五五メートル以上の範囲にわたっており、谷底の平坦部には、幅二〇メートルほどでていねいな石敷を施し、その東西の丘陵裾にあたる斜面部には、谷底に向かって段々に低くなるように石段あるいは石垣状施設が設けられ、東側斜面の石段状施設は八段分、高さ約二・五メートルほどが残っていた。石垣や石敷には川原石が使われ、一部には飛鳥から北へ一〇キロも離れた天理市布留の石上山産の凝灰岩質砂岩を煉瓦《れんが》状の形に加工した切石が用いられていた。

谷底の石敷は中央へ次第に低くなるように敷き詰められており、その最奥部に給水塔施設、小《こ》判形《ばんがた》石造物、亀形石造物が南から北へと据えられていた。石敷は何度か改修されている。

給水塔施設は凝灰岩質砂岩の切石を平面長方形状に積み上げて築いており、谷奥の湧水を溜めて浄化し、その水を木製や竹製かと推定される管を使って小判形石造物上面に穿かれた水槽に流し込んだようである。ただ、通水管は残っていなかった。小判形石造物は南北長一・六五メートル、東西幅一メートルで、その上面に長さ九三センチ、幅六〇センチの隅丸長方形状で、深さ二〇センチの繰り込みを穿って水槽としている。水槽部の北端には、その底から八センチほど高い位置に径四センチの孔が穿たれており、北側に設けた突出部の中を貫通して、亀形石造物の口に及んでいて、この孔は小判形石造物内の貯水を亀形石造物へと導くためのものである。

亀形石造物は全長二・四メートル、幅二メートルで、顔と尻尾、四本の手足を浮彫りしており、顔を南に、尻尾を北に向けて据えられていた。甲羅部分の上面に直径一・二五メートルの正円形で、深さ二〇センチの水槽を彫り凹めており、顔の両目の間に溝が穿たれ、そこから円形孔が甲羅側の水槽に向かって貫通している。尻尾側にも水槽内から円形の貫通孔が穿たれており、尾の上面に穿たれたV字形溝に連なる。亀形石造物の口から流入した水は、甲羅部を通って、尻尾部のV字形溝によって、石敷間に設けられた南北石組溝へと排水する仕掛けになっている。

小判形石造物と亀形石造物とは飛鳥産の花崗岩の大石を加工したもので、現代の石工も舌をまくほどの水磨き技術で精巧に造られていた。そして、水の流れを計算しつくした勾配で安定して据えるなど、高度な技術を駆使している様子がうかがわれる。

これらの遺構は、日本では珍しい立体的な遺構で、しかも細部まで良く残っており、これまで

図 5-1　酒船石遺跡発見の石敷・亀形石造物全景

図 5-2　亀形石造物と給水施設

飛鳥で発見されている遺構の中でも、超一級の内容のものである。発掘中、私も現場を見学したが、感動して言葉も出なかったほどだ。

これらの施設はいつ造られ、いつ廃絶したのだろうか。出土した土器によって、最も下層の石敷は斉明朝に造られ、その後、七世紀末の藤原京時代と、九世紀の二度造り直していることが明らかになっている。飛鳥時代の宮殿に関わる施設は、藤原京あるいは平城京遷都にともなってすぐにその役割を終えたわけではなく、九世紀まで何らかの形で使い続けられていたことは注目しなければならない。

さて、亀を象形していることにはどのような意味があるのだろうか。古代中国では、亀は古くから「亀卜《きぼく》」にも使われたように、神意を人に伝え神と人とを仲立ちするものとして、また、亀そのものも長寿の象徴として最も優れた神々しい動物として尊ばれた。神仙《しんせん》思想では、不老不死の仙人が住み、不老不死の妙薬があると信じられていた仙境「蓬萊山《ほうらいさん》」は、長寿の亀に支えられている、と考えられている。

古代日本でも、たとえば年号に「霊亀」「神亀」などがあるように、亀は特別にめでたい「神聖な動物」と観念され、特別の扱いを受けたことは明らかである。よく知られている浦島太郎の説話では、亀の背に乗って龍宮城を往復する話になっているが、『日本書紀』雄略《ゆうりゃく》天皇二十二年紀では、龍宮城ではなく、「蓬萊山」に行ったと記載されている。古代日本人の間に、亀をことさら神聖視する中国の観念が浸透していたことは疑いない。

この亀形石造物などを中心とする施設は、神仙思想に基づく宮廷の水に関わる祭祀儀礼、たとえば禊祓いなどを行う神聖な場で、一種の「庭園」施設といってもよいものであったのである。

四　飛鳥京跡苑池——豪壮な石組池

明日香村島ノ庄《しまのしょう》遺跡では推古《すいこ》朝頃に遡る川原石を垂直に積み上げて護岸した方形池が発見されている。雷丘東方《いかづちのおかとうほう》遺跡でも川原石を急傾斜で貼り付けて護岸した方形状の池が見つかっているが、同様の方形池は新羅《しらぎ》や百済《くだら》の王都に類例があり、その影響を受けて始まったのだろう。

推古朝頃には、「曲水《きょくすい》の宴《えん》」を催すための庭園も作られている。推古天皇の小墾田宮《おはりだのみや》推定地の一つである明日香村豊浦《とゆら》にある古宮《ふるみや》遺跡では、径二・五メートルほどの楕円形の石組小池と、その小池から流れ出てS字状に曲がりながら二五メートル以上にわたって延びる幅二五センチほどの石組小溝が見つかっている。石組小池や石組小溝のまわりは、広範囲が石敷広場状になっていて、「曲水の宴」のための苑池《えんち》と見て間違いない。石組小溝の中からは、完全な形の土師器《はじき》杯が数点発見されていて、「曲水の宴」に際して酒杯として使用したものと考えられる。

「曲水の宴」は、現在、京都の城南宮《じょうなんぐう》や福岡の太宰府天満宮《だざいふてんまんぐう》などで春と秋に観光行事として行

図6　飛鳥京跡苑池

われている。曲がりくねった溝の岸辺に座り、水に浮かべた酒杯が上流から流れてきて、自分の前を通り過ぎるまでに詩歌を詠ずる貴族的な遊びである。

「曲水の宴」は、本来、古代中国で陰暦の三月最初の巳日に、流れや河水の清水に臨んで禊祓《みそぎはら》いする水辺の祭祀・儀礼習俗に起源したもので、六朝時代には、三月三日に盃を流し詩歌を詠む遊興的意味が加わり、「曲水の宴」として確立する。古宮遺跡の例に見るように、この「曲水の宴」の習俗が、少なくとも七世紀前半には飛鳥の朝廷に取り入れられていたことは明らかである。なお、新羅の都・慶州にある「鮑石亭《ほうせきてい》」の曲水の石溝は有名で、北宋の汴京《べんけい》や、北京《ペキン》故宮《こきゅう》内にも曲水溝を彫り込んだ巨石がある。「鮑石亭」は新羅離宮の一つで、幅三〇センチ、深さ二〇センチの石溝が楕円形状にめぐっており、全長二二メートル分が残っている。

平成十一年（一九九九）、天武天皇の飛鳥浄御原宮内郭西北隅の西北方五〇メートルほどの飛鳥川沿いで、南北一〇〇メートル、東西五〇～六〇メートルに及ぶ大きな池が発見されて話題になった。ここでは、南池と北池、両池の間の渡堤、北池から北へ延びる石組大溝、岸辺の砂利敷、掘立柱建物、庭園を囲む掘立柱塀・門などが発見された。

南池は南北五五メートル、東西六五メートルほどのおむすび形で、岸辺は直線的に延び、川原石を垂直に積み上げて護岸する特徴がある。岸辺は地形の高い東岸では高さ三メートルほどが残っていた。東岸の護岸には、下半は一〜一・五メートル大の大石、上半は〇・五〜〇・七メートル大の石を積み上げた豪壮なもので、池の底には全面に三〇センチ大ほどの川原石が敷き詰められていた。南池の南岸部では導水用の石造物が発見されており、池内では中島や浮島が見つかっている。中島は池の北寄りにあり、石組で護岸した東西約三二メートル、南北約一五メートルのヒトデ形をしている。中島のまわりの東西三五メートル、南北一七メートルの範囲では、総柱状に配置された多数の柱穴が発見されており、南岸沿いの東西一五メートル、南北一〇メートルの範囲でも多数の柱穴が見つかった。行事などを催す舞台として設けられたものと考えられる。

大正五年（一九一六）五月、字出水《でみず》の田圃《たんぼ》で排水溝掘削中に「出水の酒船石」と呼び慣わされている二つの石造物が発見された。滑り台形石造物と水槽形石造物とがあり、滑り台形石造物は長さ三・二メートル、上幅〇・六五メートル、高さ一メートルほどの大きさであった。その上面には、幅一〇センチ、深さ二〇センチのやや蛇行する溝が彫り込まれており、先端に径六センチの円孔が穿たれている。水槽形石造物は長二・四メートル、幅一・八メートル、厚さ〇・六メートル以上で、その上面には長さ一・二メートル、幅一メートル、深さ六センチ

図7　飛鳥京跡苑池発見の石造物

ほどの楕円形の凹みが穿たれ、その先端は嘴状《くちばしじょう》に尖る浅い溝状になり、滑り台形石造物に水を流し入れるようになっていた。

平成十一年（一九九九）の発掘によって、この二つの石造物は南池の南岸から池内に水を流し入れる庭園施設の一部であることが明確になった。池内の南端では、新たに高さ一・六五メートル、頭部幅〇・八二メートル、同長〇・九四メートルの台形台状の石造物が池内の石敷上に据えられた状態で発見された。上部に径九センチの貫通孔が穿たれており、先の滑り台形石の先端穴からの水を樋で受け、池内に流し落とすためのものと分かった。ちなみに、大正五年発見の二つの石造物は、発見直後に京都東山の野村徳七《のむらとくしち》の別邸に運ばれ、今も京都の野村美術館の庭石として保存されている。なお、野村徳七は、現りそな銀行・野村證券の創始者である。

北池は南北約五四メートル、東西約三六メートルの南北に長い長方形状平面で、東岸と南岸は垂直の石積護岸で、西岸や東岸北端は階段状石積で護岸されていた。底の一部は川原石敷とされていた。北池は天武朝に岸辺を洲浜状にするなど改修が加えられており、北東隅では酒船石遺跡の北側谷間で発見されたのと類似する構造の祭祀施設が設けられた。令和三年（二〇二一）、北池の北端では、石積で護岸した方形の落し口が発見されている。北へ延びる石組大溝は、この落し口につながっているのだろう。

池からの水を排水する石組大溝は、幅七メートルから一〇メートル余で、北へ一三〇メートルほど延びてそこから西に折れて飛鳥川へと向かっていく。すなわち、南池と北池、水路を含めた南北長は二三〇メートルに及んでいる。なお、南池と北池とを分ける渡堤は幅約五メートル、長さ三三メートル以上、高さ一・三〜二メートルほどで、両岸は垂直の石積で護岸されていた。南池の貯水は、渡堤の下に埋設された木《もく》樋《ひ》暗渠《あんきょ》によって北池へ導くようになっている。

南池や北池、石組大溝の周囲は、屋根を備えた大規模な掘立柱塀で囲まれており、その内部では大規模な建物を含む掘立柱建物が何棟か発見されている。この掘立柱塀は南池の五〇メートルほど南で、西へと曲がっており、掘立柱塀で囲まれた一郭は、南北長二八〇メートルに及んでいたと推定できる。

池内からは、木簡、木製品、斎串《いぐし》、土器、自然遺物などが出土しており、紀年木簡では「丙寅年」（六六六）、「戊寅年」（六七八）、「戊子年」（六八八）、八世紀初頭の木簡などが発見されている。典薬寮《てんやくりょう》・造酒司《みきのつかさ》・大炊寮《おおいりょう》など大宝令制下の宮内省所管の官司名を記した木簡もあり、薬名を記した木簡や処方箋《しょほうせん》の木簡もある。薬園も併設されていたようだ。木製容器の蓋に苑池を管理する官司名である「嶋官」と墨書したものがある。蓮などの水生植物など自然遺物も出土しており、池内には蓮が生えており、池の周囲には桃・梨・梅・柿などの果樹や松が植えられていたようだ。

土器は七世紀中葉から後半にかけてのものが多く出土しており、平安時代に下る土器もある。『日本書紀』の天武十四年（六八五）十一月六日条には「白錦《しらにしきの》後苑《みその》に幸す」とあり、また、持統五年（六九一）三月五日条には、「天皇、公私の馬を御苑に観たまふ」とある。発掘調査を担当している奈良県立橿原《かしはら》考古学研究所は、この苑池は「白錦後苑」にあたると報告している。出土した木簡や土器から見ると、飛鳥京跡苑池は王宮付属の苑池として斉明天皇の時代に築かれ、天武天皇の時代に改修されたことがわかる。この苑池が完全に廃棄されたのは平安時代に下る。

韓国慶州にある「雁鴨池《がんおうち》」（月池）は、この飛鳥京の苑池の系譜を考える上で重要である。雁鴨池は、統一新羅時代の六七四年に東宮内に造られた苑池で、東西・南北一九〇〓《メートル》ほどの範囲に広がっている。西側と南側の岸は、垂直に石積み護岸され直線状になるのに対して、東側や北側は傾斜が緩く、かつ曲線状の護岸になっている。池内には、蓬莱山・方丈山《ほうじょう》・瀛洲《えんしゅう》山の三神島が設けられており、神仙思想の世界観に基づいて造られた苑池で、為政者の間に神仙思想が浸透していた様子をうかがわせる。

池の東南方には、池内に導水する石組溝があるが、その途中に大石を刳り抜いた水槽が二つ設けられている。二つの水槽の形は、出水の酒船石や酒船石遺跡の小判形水槽と類似しており、朝鮮半島の苑池の影響を受けて、飛鳥京跡苑池が作られたことを知ることができる。

百済最後の都・扶余《ふよ》でも、六三四年に宮南池《きゅうなんち》が造られたが、その池内にも「方丈仙山」の神島が築かれている。こうした三神島の祖源が古代中国にあることは疑いない。二〇〇三年、唐長安城大明宮《ちょうあんじょうたいめいきゅう》の北部にある太液池《たいえきち》では、蓬萊島の発掘が行われている。このように、古代中国や朝鮮半島の宮廷付属の庭園は、池内に蓬萊島などの中島を設けることで、不老不死の仙境を小世界として造りあげたものであった。支配領域内の奇岩・奇石、動物・植物を集めて支配地を象形する特徴もある。酒船石遺跡発見の亀形石造物が神仙思想と深く関わっていると考えられるように、飛鳥時代の苑池は、百済・新羅、さらに遡れば古代中国に祖源を求めることができるし、それは単なる鑑賞用の庭園ではなく、為政者の世界観や政治観とも直結した政治的祭祀・儀礼の施設でもあった。飛鳥京跡苑池もさまざまの機能を果たした聖域であったはずである。

図8　整備された雁鴨池跡

五　斉明朝の土木工事

斉明天皇は『日本書紀』によると、建設・土木工事を興すことの好きな女帝として描かれている。即位の年の六五五年には、小墾田の地に初めて瓦葺き宮殿の造営を計画していて、なぜか造営は断念されたが、本格的で恒久的な大陸様式による宮殿の建設を意図したことは確かで、宮都史上極めて重要な意義を持つ計画であったといえる。

『日本書紀』斉明二年（六五六）の記事によると、香具山の西から「石上山」まで渠を掘り、舟二〇〇隻を使って、「石上山」の石を運んで「宮の東山に石垣」「石の山丘」を築き、渠の掘削に延べ三万人の功夫を、石垣の建設に延べ七万人の功夫を費やしたとある。時の人はこの渠を「狂心ノ渠」と呼び、その土木・建設工事を非難した、と記されている。その他にも大きな倉庫を建てて民財を集めて収納したり、多武峯に石垣を巡らし、「観」を建て、それを「両槻宮」あるいは「天宮《あまつみや》」と呼んだとあるなど、斉明天皇はつぎつぎと土木・建設工事を興したと記されている。

先にも記したように斉明二年紀に見える「石上山」については、天理市布留にある「石上山」とするのが通説である。酒船石遺跡発見の石垣や石敷に使用された凝灰岩質砂岩石が天理市の石上山産である点は、このことに関連して注目される。

斉明四年（六五八）十一月、孝徳《こうとく》天皇の皇子・有間《ありま》皇子（六四〇～六五八）の反逆事件が勃発する。『日本書紀』には、①大きな倉庫を建て民財を集め積んだこと、②長く渠を掘り公費を費したこと、③舟に石を積んで運び、その石を積んで石丘としたこと、つまり「狂心ノ渠」の掘削などつぎつぎと大土木工事を興したことが事件の誘因になった、と記されている。

大土木工事をつぎつぎと興したことの意味については、一般的には、行き過ぎた土木工事で国力に不相応なものであったから批判されたのだと説明されているが、この理解は正しいのだろうか。不十分といわなければならない。

六　水落遺跡・石神遺跡の発掘が語る斉明朝の都づくり

(1)　水落遺跡＝漏刻・漏刻台建物跡

水落遺跡・石神《いしがみ》遺跡は飛鳥盆地内の南北の中央部で、日本最初の本格的寺院・飛鳥寺の西北方、飛鳥川右岸の川岸に位置している。飛鳥の展望台となっている甘樫丘《あまかしのおか》をすぐ西に見上げる場所である。昭和五十六年（一九八一）以来、両遺跡では継続調査が行われていて、一帯にあった施設の構造や性格が明確にされつつある。水落遺跡・石神遺跡では、大変立派な遺構群が発見されたが、それは斉明朝の飛鳥の都づくりの規模や内容を大変雄弁に物語っているのである。

昭和五十六年、水落遺跡の発掘中に、この遺跡は『日本書紀』斉明六年（六六〇）五月条に「皇太子初造二漏刻一、使レ民知レ時」とあるその日本最初の漏刻の遺跡ではないかと考えるようになった。この考えは、その後の発掘調査や検証にも耐え得るものだった。漏刻の遺跡と考える根拠については、『飛鳥藤原の都』（古代日本を発掘する一、岩波書店、一九八五年）などを見ていただくこととして、ここでは建設工事の特色を中心に整理しておきたい。

水落遺跡では、漏刻台建物を中心にして、その周囲を囲むように四棟以上の大規模掘立柱建物群が発見された。建物群は塀で囲まれていたようで、一郭を形成している。その範囲は平安宮の陰陽寮《おんみょうりょう》とほぼ等しく、この一郭は時刻・天文・暦・占いの仕事を併せ担当する陰陽寮的官衙である可能性が高いと考えている。となれば斉明朝に律令制的な官制・官衙がすでに成立していたことになり、中央集権国家の形成のあり方を考える上で、極めて重要な意味を持つことになる。

漏刻台建物は、平面形が一辺約一一メートルの楼状建物で、その一階に漏刻を据え、二階に時刻を報ずる鐘や太鼓が備えられていたと想定でき、漏刻で使う水は基壇の中に埋設された木樋によって東から導水されている。その他にも、導水用木樋から水を汲み上げる銅管、余水を建物外に導く木樋暗渠、漏刻装置からの排水を受ける木樋暗渠など、導水・排水の水路網が基壇に埋設されていた。

漏刻台建物は径約四〇センチの柱二四本で支えられた総柱様建物で、一本一本の柱は飛鳥時代寺院の塔心柱の立て方と同様の工法がとられていた。つまり地下に据えた礎石の上面に径四〇《センチ》、深さ一三《センチ》ほどの穴を掘り込み、その穴に柱の根元を立て、その後に基壇土を高さ一《メートル》ほど積み上げて柱をしっかりと埋め立てる工法が採用されていた。各々の礎石は、その間を大石でつなぎ、さらに外側から三重の列石で固めるなど驚くほど入念な基礎工法だったのである。こうした基礎工法は「地中梁工法」と呼ぶべきもので、古代建築では他に例を見ない極めて特異なものといえる。

図9　整備された水落遺跡全景

漏刻台建物周囲の掘立柱建物の柱穴は一辺一・五～二《メートル》の方形で、深さは一・二～二《メートル》、柱の太さは三〇～四〇《センチ》と飛鳥の宮殿建築の中でも超一級の規模を誇っている。しかも建物群は真南北ないしこれに直行する真東西方位で造営されており、柱通りもよく揃っていて、全体として計画的であり、かつ精度の高い造営ぶりをうかがわせる。

漏刻台建物を建設するにあたっては、まず東西・南北四〇《メートル》ほどの範囲を深さ約三《メートル》掘り込み、その

図10　水落遺跡発見の木樋暗渠と小銅管

底から版築して基壇を築きあげている。こうした工法を掘込地業という。礎石や地中梁、あるいは漏刻施設や木樋などはこの基壇築成の途中で埋設していた。基壇の周りは、〇・五〜三トンほどの大石を一五〇〇個ほど貼りつけた大規模な溝を巡らして化粧しており、また、建物外の広範囲を石敷舗装するなど、全体として大変大規模で、しかもていねいな土木工事が行われている。

(2) 飛鳥寺西の槻樹の広場と石神遺跡

さて、『日本書紀』には皇極三年（六四四）から持統九年（六九五）にかけて、飛鳥寺西一帯で行われた行事のことが一二度出てくる。大化のクーデターで蘇我本宗家を滅ぼした直後の大化元年（六四五）には、孝徳天皇・皇太子中大兄皇子、皇極上皇は飛鳥寺西の大槻《おおつき》の斎樹《いつき》下に群臣を集めて、天皇への忠誠を誓わせる政治儀式を行っている。また、斉明、天武・持統朝には、飛鳥寺の西に須弥山《しゅみせん》像を造って、あるいは大槻の樹下で、朝貢してきた蝦夷《えみし》や隼人《はやと》・多禰嶋《たねがしま》（種子島）人らに対して饗宴・奏楽・授位・賜物などの行事をたびたび行ったとある。これらの饗宴などは服属儀礼、つまり教化政策によって支配と服属の関係を確定する儀礼と見ることができるだろう。

斉明六年（六六〇）五月条には、皇太子中大兄皇子による漏刻初造に続いて、「石上池の辺《ほとり》に須弥山を作る。高さ廟塔《びょうとう》の如し。以て粛慎《みしはせ》四十七人に饗たまふ」とあり、この石上池は石神遺跡付近にあった可能性が高い。そして、同月条に出てくる漏刻台と石上池の辺に作った「須弥山」とは、密接に関係する施設ではなかったか、と疑われてくる。

「須弥山」とはいうまでもなく仏教の世界観でいう四海に囲まれて世界の中央に聳《そび》える「聖なる高山」のことである。須弥山像を作るということは、その場を聖なる舞台に整える意味があったことは疑いない。石上池辺に作ったという「須弥山像」とは、苑池を飾る装置であったと思われる。「須弥山像」を立てた場所で行われる服属儀礼は神を仲立ちとした違うことの許されない神聖な儀礼であったのであろう。

水落遺跡・石神遺跡のあたりは、まさに飛鳥寺の西で、甘樫丘の東の飛鳥川辺にあたっている。飛鳥寺西門の西側で、飛鳥川辺にかけての一帯では、建物のない石敷広場が広範囲にわたって広がっていることが明らかになっている。石敷広場は、南北長二〇〇メートル、東西幅は飛鳥川の川原までの一〇〇メートルほどの広大な範囲に及んでいるようである。「槻の聖樹」は、飛鳥寺西門の西方近くにあったのだろう。

この石敷広場の北側は一変して掘立柱建物が密集するようになり、水落遺跡、そしてその北に石神遺跡が続く。水落遺跡と石神遺跡とは大規模な掘立柱塀で隔てられているが、密接な関係にあったことは疑いない。この掘立柱塀の柱穴は、一辺二メートル、深さ二・三メートルと飛鳥最大で、藤原宮を囲む外郭大垣を凌駕する大規模なものである。なお、石神遺跡は、その南はずれで明治三十五年（一九〇二）に須弥山石や石人像と呼ぶ噴水石が発見されたところとして有名である。この須弥山石は斉明紀に三度出てくる須弥山像のいずれかにあたるのであろう。

さて、石神遺跡の一郭は東西一五〇メートル以上、南北約一八〇メートルの広範囲に及び、斉明朝の遺構は大きく東区と西区とに区分できる。東区の南端は南北四〇メートル、東西五〇メートルほどの範囲が石敷の広場状空間となり、この広場状空間の東端に近いところで須弥山石と石人像とが発見されている。広場状空間の北端には石組施設をともなう大規模な井戸があり、この井戸は聖なる水が湧き出る特殊な性格のものだったのだろう。井戸からは大規模な石組溝や石組暗渠が北へと延びていた。大井戸の北方には、掘立柱建物四棟によって高麗尺《こまじゃく》で南北一四〇尺、東西七〇尺の範囲を四角く囲み、その内部に二棟の建物を配した一郭がある。

西区は、南北一〇〇メートルほどに及ぶ長廊状建物などによって高麗尺で南北三〇〇尺、東西二〇〇尺の範囲を囲み、その内部に九間×四間の四面廂付建物などの大規模な掘立柱建物が建てられている。区画内の中心に建つ四面廂付建物は内裏の中心建物にも匹敵する規模・構造の建物で、おそらく天皇が出御する一郭の正殿であったと思われる。これら建物の柱穴は、いずれも一辺二メートルほどと超大型で、建物群は柱通りや棟通りを整然と揃え、全体として一貫する計画のもとで、精度高く造営されている。それは水落遺跡の造営計画とも一貫するもので、建物の間は全面ていねいな石敷で舗装されている。こうした石敷は、「石の都」ともたとえられる飛鳥の宮殿遺跡の中枢部や重要施設で特徴的に見られるものと同様である。

石神遺跡の一郭は、どのような性格の場所だったのだろうか。須弥山石と石人像は、もともと発見地からそう遠くはないところに設置されていたようである。また、石神遺跡からは、東北日本で作られた食器が多数出土し、天武朝には方形石組池も設けられている。石神遺跡は『日本書紀』斉明紀に記された蝦夷などの饗宴・服属儀礼の施設であったと見て間違いないだろう。こうした性格は規模を縮小しながらも天武朝まで継承されていたようである。石神遺跡の南を限る掘立柱塀は、天武朝に斉明朝のそれとほぼ同位置で造り直されている。その柱穴は、一辺一㍍ほどと規模は小さくなっているが、十分立派なものである。水落遺跡・石神遺跡の斉明朝の施設は飛鳥の宮殿遺跡の中でも群を抜いて大規模で、精緻な内容で建設されていることに注目しなければならない。

水落遺跡・石神遺跡など後飛鳥岡本宮に付属する陰陽寮相当施設や宮廷の服属儀礼の施設は、天皇が住む後飛鳥岡本宮の外で、飛鳥寺の周辺に設けられていた。後飛鳥岡本宮は、天皇が住む内裏と朝堂、それに天皇の日常的生活を支える宮内省相当施設などが基本となって構成されていたようである。そして、飛鳥寺西方・西北方の服属儀礼の場は斉明朝・天武朝・持統朝と天皇の代が替わっても同じ場所で引き継がれていたのである。

(3) 斉明朝から天智朝にかけての新技術

斉明天皇の時代は、水道技術の上でも画期的な時代だった。須弥山石や石人像発見地の付近では、南から延びてきて石造物出土地の東を迂回して九〇《メートル》以上にわたって延びる石組溝が発見されている。この石組溝は、幅・深さともに一《メートル》を超える大規模なもので、一帯の基幹水路と考えることができる。水落遺跡・石神遺跡の周辺には、漏刻への導水路を含めて広範囲に木樋暗渠による水道網が巡らされていたが、この石組基幹水路からこれらの木樋暗渠へと給水されていたのであろう。木樋暗渠の屈折部や途中には、木製の桝を設けた所もあり、桝によって、水を汲み上げ利用していたのであろう。こうした水路網は、江戸の町の水道技術と比べても遜色ないものである。

『日本書紀』の斉明紀と天智紀には、中国系新技術の導入に関する記事が多く出てくる。この時期は頻繁に遣唐使が派遣されるなど、中国との直接交渉が盛んに行われた時期であった。斉明六年（六六〇）条や天智十年（六七一）条に見える漏刻は中国系新技術の典型である。その製作・設置には、天文学や水力学の知識と技術、揚水技術、水道技術などが必須で、当時の最先端の科学技術が結集されて、はじめて製作・運用が可能になったのであろう。噴水石である須弥山石と石人像の製作・運用にも、むろん水道・揚水技術が必要であり、天智九年（六七〇）の記事に見える「水碓」は、製鉄炉に風を送るフイゴに水車の動力を使用したものである。

天智十年の記事に見える「水臬《みずはかり》」は、土木建設工事に用いる「水準器」で、土木建設工事が大きく展開したことと関わりがある。斉明四年（六五八）と天智五年（六六六）の記事に見える「指南車」は、歯車の転動作用を利用して車の上に乗せた人形が常に南方を指すようにした仕掛の車のことで、中国では魏・晋時代には確認できる。斉明朝は中国系の新技術や水利用技術導入の上でも、大きな画期であったと見ることができる。

なぜ、飛鳥寺の西に漏刻施設が設けられたのだろうか。飛鳥寺の西一帯は、『日本書紀』の記事や発掘成果によると、朝廷への忠誠を誓わせる政治儀式が執行される場であり、蝦夷や隼人などの朝貢に対して、その返礼として天皇が授位・賜物・饗宴・奏楽などを催す場であった。つまり、「国土と人民の支配」を象徴する政治儀式・服属儀礼が執行される場であったと理解できる。

漏刻施設は、なぜ服属儀礼を行う同じ場所に設置されたのだろうか。古代中国の政治思想では、日出・日入は自然の運行だが、これを「時」として管理するのは天子（皇帝）にのみ許される仕事で、「授時頒暦《じゅじはんれき》」は天子の大権に属していた。天子は国土（空間）とともに、人民の「時」をも支配するものと考えられたのである。たとえば、王朝の交替ごとに新暦を造り、頒暦したり、天子の交替時に新しい元号が制定される。明・清時代の紫金城《しきんじょう》である北京の故宮では、正門や午《ご》門《もん》前、また外朝の正殿である太和殿《たいわでん》前などには、東西に日時計と枡の模型が設置されており、交《こう》泰殿《たいでん》内には玉座の東に「銅壺滴漏（漏刻）」、西に「大自鳴鐘（ヨーロッパ発明の歯車仕掛の時計）」が置かれている。天子は「度量衡《どりょうこう》」を統一するとともに、人民の「時」をも支配するという政治思想が、時計と枡とによって象徴的に示されているのである。

中大兄皇子は漏刻を造ることによって、中国の政治思想に倣い「時の支配者」たらんとしたのだろう。国土・人民の支配を象徴する「服属儀礼」を行う所と同じ場所に漏刻を造ることには重要な意味があったのである。「時空」の支配者たらんとした政治改革の理念が象徴的に示されていると考えられる。蘇我氏滅亡直後のこの時期に、蘇我氏の氏寺として始まった飛鳥寺の西に漏刻施設を造り、服属儀礼の施設を整備することには、天皇を中心とする政治体制の整備を進めていく上でことさら重要な意味があったのであろう。

七　斉明朝の都づくり

(1)　斉明朝の建設工事

本章のまとめに入りたい。時の人に誹《そし》られたという斉明天皇の土木工事については、一般的には、行き過ぎた土木工事で国力に不相応なものであったがために批判されたのだと説明されていることについては先に述べた。しかし、この説明では権力の恣意性だけが強調されて、何を意図した工事であったのか、解き明かすことができない。斉明朝の土木工事については、水落遺跡や石神遺跡など飛鳥諸遺跡の発掘成果を総合して考えなければならない。

水落遺跡・石神遺跡発見の遺構は「斉明朝の都づくり」について大変雄弁である。大規模建物群が広範囲に及び、しかも計画性高く精緻入念に造営されていた。石敷・石組・石貼り工法も際立って盛んであった。同時期の遺跡は飛鳥とその周辺で濃密化しており、空間利用も飛鳥盆地外へと及び広域化が顕著である。完成には至らなかったが、瓦葺き宮殿の造営を初めて計画したことには、宮殿を、唐を中心とした国際社会に伍して、それに相応しい「大陸様式の本格的で恒久的なもの」とする政治的意図があったのであろう。

「狂心ノ渠」と謗られた大規模な溝の掘削も、飛鳥の都での建設工事の展開との関係で考えなければならない。酒船石遺跡の東北方で、自然の流れを利用し改修した水路跡が見つかり、「狂心ノ渠」跡と考えられていることは先にも述べたが、この地点の北方の飛鳥坐神社西方《あすかにいますじんじゃせいほう》遺跡でも、幅五〜一〇《メートル》の石組で護岸した運河状の水路跡が発見されており、その北西方の奥山久米寺の西接地でも運河状の水路跡が見つかっている。

また、香具山西麓を南から北へと流れる「中ノ川」は、「狂心ノ渠」を伝えるものと考えられる。「中ノ川」は、橿原市出合で横大路に沿って東から西へと流れる米川に流れ込んでおり、「中ノ川」沿いには「堀川」の小字も残っている。香具山西麓の発掘では、「中ノ川」の下層から幅約一五《メートル》の大規模な南北溝が発見されている。この南北溝は藤原京時代までは遡ることが確かめられており、この大溝は香具山の西に設けたという「狂心ノ渠」跡と考えて間違いないだろう。「狂心ノ渠」は飛鳥の都に建築資材や物資を運び込むために、自然河川を改修したり、これに人工的に掘削した大溝を結んで一連の運河としたもので、この水路は藤原京時代まで引き続き水運路として利用されていたと考えることができる。

(2) 飛鳥の「京」の成立との関係

『日本書紀』斉明五年（六五九）七月条に「群臣に詔して、京内諸寺に盂蘭盆経《うらぼんきょう》を説かしめ」とあり、これは飛鳥に特別行政区としての「京」が誕生していたことを示す最初の記事として注目される。この「京」とは、「壬申の乱」の記事に「倭京《やまとのみやこ》」と見える「京」に当たるのであろう。七世紀中頃以降、飛鳥では山間の傾斜地や狭い平坦地にまで、皇子宮や邸宅、寺院などが建設されるようになる。藤原宮下層などでも掘立柱建物群などが発見されていて、斉明朝頃には飛鳥を中心に、かつてないほど本格的で、大規模な「都づくり」が行われ、空間利用も広範囲に及び、かつ濃密になってきたことをうかがわせる。こうしたかつてないほどの画期的な「都づくり」が行われた状況を背景として、「京」と呼ぶべき行政区画が成立してきたのではないだろうか。

「時の人」に「狂心ノ渠」と謗られ、有間皇子事件で「三失政」として非難されたことの内実は、「斉明朝の都づくり」が時代を先取りしたような画期的な内容のものであったがために、その土木・建設工事が「行き過ぎた工事」と映り、批判・反発をかったのではないか。こうした土木・建設工事の計画には、斉明朝の政治を実質的に主導した皇太子中大兄皇子が深く関わっていたはずである。

この頃、役人層が増大し官司制が整備されてくるが、彼らは飛鳥とその周辺の広域に、すなわち「京」内に集住するようになる。中大兄皇子が漏刻施設を建設したことには、「京民」に定時の時刻を報せることのほかに、役人層の宮殿への出退の刻限を明確に示す、すなわち「朝参《ちょうさん》時刻制」の整備という政治的意図があったはずである。

「朝参時刻制」は、平城京時代には律令制に基づく政治を執り行っていく上で重要な時刻制としてさらにいっそう整備されるが、それは中大兄皇子による漏刻施設の初造に起源があったと見ることができる。水落遺跡の漏刻台で撃ち鳴らされる鐘鼓《しょうこ》の音は、「京」内の役人居住区の広域で耳にすることができたはずである。漏刻施設の建設は、斉明朝における「飛鳥の都の広域化」、「京の成立」、さらには「画期的な都づくり」が行われたことと密接に関わっていたのであろう。漏刻施設の初造は、斉明天皇時代の行政改革を象徴的に示している、といっても過言ではない。それは蘇我氏滅亡後の飛鳥の再開発の一環でもあり、斉明朝における律令制的な中央集権国家成立史上における意義を改めて問い直す必要を痛感させるのである。

【初出】「考古学から見た斉明朝」（『史境』五〇、歴史人類学会、二〇〇五年）。本章は、二〇〇四年十月三十日開催の筑波大学「歴史人類学会」での講演に、加筆・訂正してまとめたものである。

第Ⅱ部

飛鳥・藤原京の都市生活

第1章　人・車・駄・舟・桴

一　瓦の輸送

(表)「進上瓦三百七十枚女瓦百六十枚　宇瓦百卌八枚　鐙瓦七十二枚功四十七人十六人各十枚　廿三人各六枚　九人各八枚」

(裏)「付葦屋石敷　神亀六年四月十日穴太口

主典下道朝臣向司家　」

平城宮《へいじょうきゅう》第一次朝堂院《ちょうどういん》地区の東北隅から出土した瓦の運搬伝票ともいうべき木簡である。神亀六年は、西暦七二九年にあたる。

この木簡からは、瓦は人が背負って運搬し、三七〇枚を運ぶのに四七人の功夫が必要だったことがわかる。その内訳は、「女瓦《めがわら》」(平瓦)は一六〇枚、「宇瓦《のきがわら》」(軒平瓦)は一三八枚、「鐙瓦《あぶみがわら》」(軒丸瓦《のきまるがわら》)は七二枚とあり、一人が背負う枚数としては、「女瓦」は一〇枚、「宇瓦」は六枚、「鐙瓦」は八枚と記されている。一人が背負い運ぶ瓦の重量は四〇キロほどとなる。平城宮内の建設現場へ、人力で運び込んできたのだろう。だが、どこから運んできたのかの記載はない。

当時の軒平瓦は、幅三〇センチほどであるから、「宇瓦」一三八枚では軒先四一メートル分ほどが葺ける計算になる。「男瓦《おがわら》」（丸瓦）運搬の記載を欠いており、ここに記されている瓦の運搬量は、瓦葺きの建造物に必要な瓦総量のごく一部であった。

同時に出土した木簡の中に、「宇瓦卅枚□車一両」と読めるものもあり、瓦は荷車でも運ばれた。「宇瓦卅枚」は人が背負う場合に換算すると五人分に相当し、総重量は二〇〇キロほどであり、荷車一両では、人が背負って運ぶ場合の五倍の輸送量が確保できたわけである。

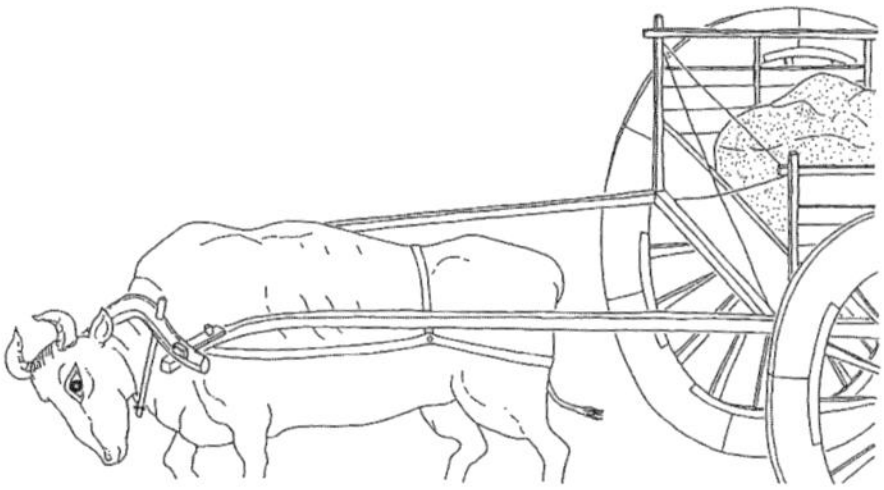

図1　荷　車　図

天平宝字四年（七六〇）十二月の『造法華寺金堂所解《ぞうほっけじこんどうしょげ》』（『大日本古文書』一六―二、七九〜三〇五）にも、造法華寺金堂所が東大寺《とうだいじ》から借用した「堤瓦《つつみがわら》」（丸瓦）九〇〇枚を同所へ車五両で運び、その運賃が四五〇文であったという記載がある。車一両あたりの積載量は丸瓦一八〇枚となる。丸瓦は平瓦よりもやや軽いから、丸瓦一八〇枚の総重量は、四五〇キロほどと換算できる。瓦を大量に、また遠距離を運ぶ時には、人が背負うよりも荷車が有利であったことは言うまでもない。

十世紀初頭の『延喜式《えんぎしき》』木工寮《もくりよう》条には、人が担って運ぶ場合、軒丸瓦は九枚、軒平瓦は七枚、平瓦は一二枚、丸瓦は一六枚という規定が見える。先の平城宮第一次朝堂院地区出土木簡の場合よりも、枚数は多いが、平安宮の瓦は平城宮の瓦よりも軽いから、総重量はほぼ変わらない。すなわち木工寮式人担条には「大六十斤為二一担一」とあり、一人が運ぶ重量は大六〇斤＝約四〇キロであった。

同じ木工寮式の車載条には、車で瓦を運ぶ場合の規定が載っている。両別で軒丸瓦は八〇枚、軒平瓦は六〇枚、平瓦は一二〇枚、丸瓦は一四〇枚とあり、荷車一両では、人一人が背負って運ぶ場合の八・五〜一〇倍の枚数を運ぶことができたわけである。重量だと、軒平瓦では約三四三キロ、軒丸瓦と丸瓦では三五〇キロほど、平瓦では四〇〇キロほどとなる。

同条には、「駄減三分之二」との記載もある。近世では馬一頭に負わす重量は、本馬で四〇貫または三六貫、すなわち一五〇キロないし一三五キロである。また、先の『造法華寺金堂所解』によると、生馬鷹山（奈良県生駒郡か）から法華寺へ炭を運ぶのに、車一両に八石積んで車賃は八〇文、馬では二六匹で五二石積んで駄賃は六五〇文とある。馬一頭で運ぶことができる量は、車載の三分の一から四分の一程度で、また、車賃は馬で運ぶ駄賃よりも割安であったようである。

さて、瓦はどこで、どのように生産され、調達されたのか。平城宮では、宮の北方、現在の奈良県と京都府の境を東西に延びる平城山丘陵に、官窯《かんよう》である奈良山瓦窯《がよう》群が集中的に営まれ、造宮省などの官衙《かんが》管轄の下に瓦生産を行う官窯体制が確立していた。瓦を平城宮の建設地に運び込むには、人が担ったり、荷車に載せて運ぶ方法がとられたのだろう。

二　藤原宮所用瓦の生産とその運搬

礎石《そせき》建ち瓦葺きの大陸様式の建物が最初に採用された宮殿は藤原宮《ふじわらのみや》である。藤原宮建設地への瓦の輸送方法はより複雑である。藤原宮では、大極殿院《だいごくでんいん》や朝堂院の建物群、そして宮城十二門に瓦葺き礎石建ちの大陸様式の建物が採用された。宮城周囲や内裏《だいり》外郭を囲む大垣は掘立柱《ほったてばしら》塀だが、瓦葺き屋根であった。これらの建物に必要な瓦は少なく見積もっても一五〇万枚以上になる。藤原宮の建設では、当時の寺院とは比べものにならないほど大量の瓦が、それも二、三年という短期間で生産・調達されなければならなかったのである。

藤原宮で使われた瓦は、軒瓦の文様、製作技法、使用の粘土などから一五グループに類別されている（花谷浩「寺の瓦造りと宮の瓦造り」『考古学研究』四〇―二、一九九三年）。これらの瓦を製作した窯は、現在までのところ、西は香川県から、東は滋賀県までの一〇ヵ所以上で見つかっている。ただ、これらの瓦窯は同時に操業していたわけではない。軒瓦の文様から見ると、奈良県五條市牧代《まきだい》瓦窯産、兵庫県洲本市（淡路島）土生寺《はぶでら》瓦窯産、大阪府堺市の和泉産と推定される軒瓦が最も古く位置づけられる。やや遅れて、阿波（徳島県）産かと推定されるものや、近江産と推定されるもの、香川県三豊郡宗吉《むねよし》瓦窯産の軒瓦がある。藤原宮の瓦は、まず、大和盆地外の和泉・淡路・讃岐・阿波・近江などから調達されたのである。

やがて奈良盆地内の縁辺部に新たに瓦専業窯を開いて、そこから調達するように変わっていく。藤原宮のすぐ南にある日高山《ひだかやま》瓦窯群と、巨勢道《こせみち》沿いの高台《こうだい》・峰寺《みねでら》瓦窯を基幹として、藤原宮とは太子道《たいしみち》などで結ばれる斑鳩《いかるが》周辺の西田中《にしたなか》・安養寺《あんようじ》瓦窯などが操業を開始する。日高山瓦窯群では、これまでの窖窯《あながま》に加えて熱効率の高い新式の平窯が採用されており、また、古い粘土板技法から、新しい粘土紐技法が採用されるなど、急ピッチで生産の増強が図られた様子をうかがい知ることができる。なお、日高山瓦窯群で焼成された瓦は、藤原宮の周囲を囲む大垣を中心に供給されている。

ただ、日高山瓦窯での操業は短期間で終わったようで、その後の生産の主力は、藤原宮から南方へ八㌔ほどのところにある高市郡高取町の高台瓦窯、隣接する御所市峰寺瓦窯に移っていく。最終段階には、高台・峰寺瓦窯群が藤原宮使用瓦の独占的な生産地となっていった。

問題は、これら各地で生産された瓦が、どのような方法で、藤原宮の建設地に運び込まれてきたかである。日高山瓦窯や高台瓦窯・峰寺瓦窯の製品は、陸路で人担や車載で、十分対応できた。香川県・徳島県・淡路島の製品は、当然、海路が利用されたが、内陸にある藤原宮まではどのようにして運んできたのであろうか。

藤原宮の建設には、瓦のほかにも膨大な量の材木や礎石、基壇化粧石などの建築資材が調達されなければならなかった。材木については、『万葉集』の「藤原宮の役民の作る歌」（巻一—五〇）の一節から、その入手・運搬方法を具体的に知ることができる。

いわばしる　近江の国の　衣手の　田上山《たなかみやま》の　真木さく　檜のつまでを　もののふの　八十《やそ》
宇治川《うじがわ》に　玉藻なす　浮かべ流せれ……　泉の川に　持ち越せる　真木のつまでを　百足ら
ず　筏《いかだ》に作り　のぼすらむ

藤原宮の建設に使う檜材などの材木は、かなりの部分が、藤原宮から直線距離で五四キロほど離れた琵琶湖沿岸の田上山で伐り出されたのである。この万葉歌によると、伐り出された材木は、筏に組んで宇治川を流し下し、木津川（古代の泉川）を溯らせ、泉木津《いずみきづ》（京都府木津川市）で陸揚げし集積したことがわかる。藤原宮にたどりつくには、奈良山丘陵を陸路で越させて、奈良盆地内では、さらに佐保川や米川などの水運が利用されたのであろう。

飛鳥・藤原の都を核とした河川水運利用を示す資料はいくつかある。たとえば、『日本書紀』推古《すいこ》十六年（六〇八）条に見える隋使裴世清《はいせいせい》を「海石榴市《つばいち》の街」で歓迎した記事からは、一行は難波津《なにわつ》から舟で大和川・初瀬川を溯上して、三輪山付近の「海石榴市」（現在の奈良県桜井市）あたりで上陸し、その後は上《かみ》ツ道《みち》を南へたどり飛鳥の小墾田宮《おはりだのみや》に至った状況が読み取れる。推古十八年（六一〇）条にも、新羅《しらぎ》と任那《みまな》の使者を「阿斗《あと》の河辺《かわべ》の館」あたりで歓迎する儀式を行った記事があり、やはり難波津から舟で大和川・寺川を溯り、「阿斗の河辺の館」（現在の奈良県田原本町）あたりで上陸し、この時は、下《しも》ツ道を通って小墾田宮へと向かったらしい。また、『万葉集』巻一―七九の歌は、藤原京から平城京へ引越す時に、初瀬川や佐保川に舟を浮かべて荷物を運んだ情景が詠まれている。

『日本書紀』斉明《さいめい》二年（六五六）条には、人夫三万人を費やして香山（香具山《かぐやま》）の西から石上山《いそのかみやま》まで大溝（「狂心《たぶれごころ》ノ渠《みぞ》」）を掘り、舟二〇〇隻に石上山の石を積んで運び、後飛鳥岡本宮《のちのあすかおかもとのみや》の東の山に石を積み上げて「石山丘《いしのやまおか》」を築いたという有名な記事がある。酒船石《さかふねいし》遺跡は、この記事に見える「石山丘」の遺跡で、酒船石遺跡の東北方や奥山久米寺《おくやまくめでら》西方、香具山西麓では、「狂心ノ渠」跡かと見られる人工の大溝が見つかっており、大溝の推定総長は数キロ以上に及ぶ。この大溝は香具山北方で米川に結ばれていたはずである。

大和川や、その上流の初瀬川・寺川・米川を利用した水運は、飛鳥時代以降、相当に整備されていたと見てよさそうである。香川県や徳島県、淡路島で生産された瓦は、難波津あたりで川舟に積み替えて、大和川を溯らせ、その上流の寺川や米川の水運を利用して藤原宮へと運び込まれたのだろう。水運を使えば、一度に大量の運搬が可能であり、また、遠隔地での生産もあまり不利にはならない。なお、大和川は、今の大阪府と奈良県の境が「亀ノ瀬」の狭い谷となる。「亀ノ瀬」の急流区間は、陸路を使ったのだろう。

藤原宮では、その中軸線に沿って南から北へ長さ三〇〇メートル以上にわたって真っすぐに貫流する大規模な大溝が見つかっている。幅七〜九メートル、深さは二メートルほど。大極殿の下層を南から続き、北は北面中門の下層を抜けて北流し、大極殿や北面中門などの建設を始める直前に埋め立てられている。大溝は、北で米川に接続していたに相違なく、総延長は一キロ以上に及んでいたと思われる。

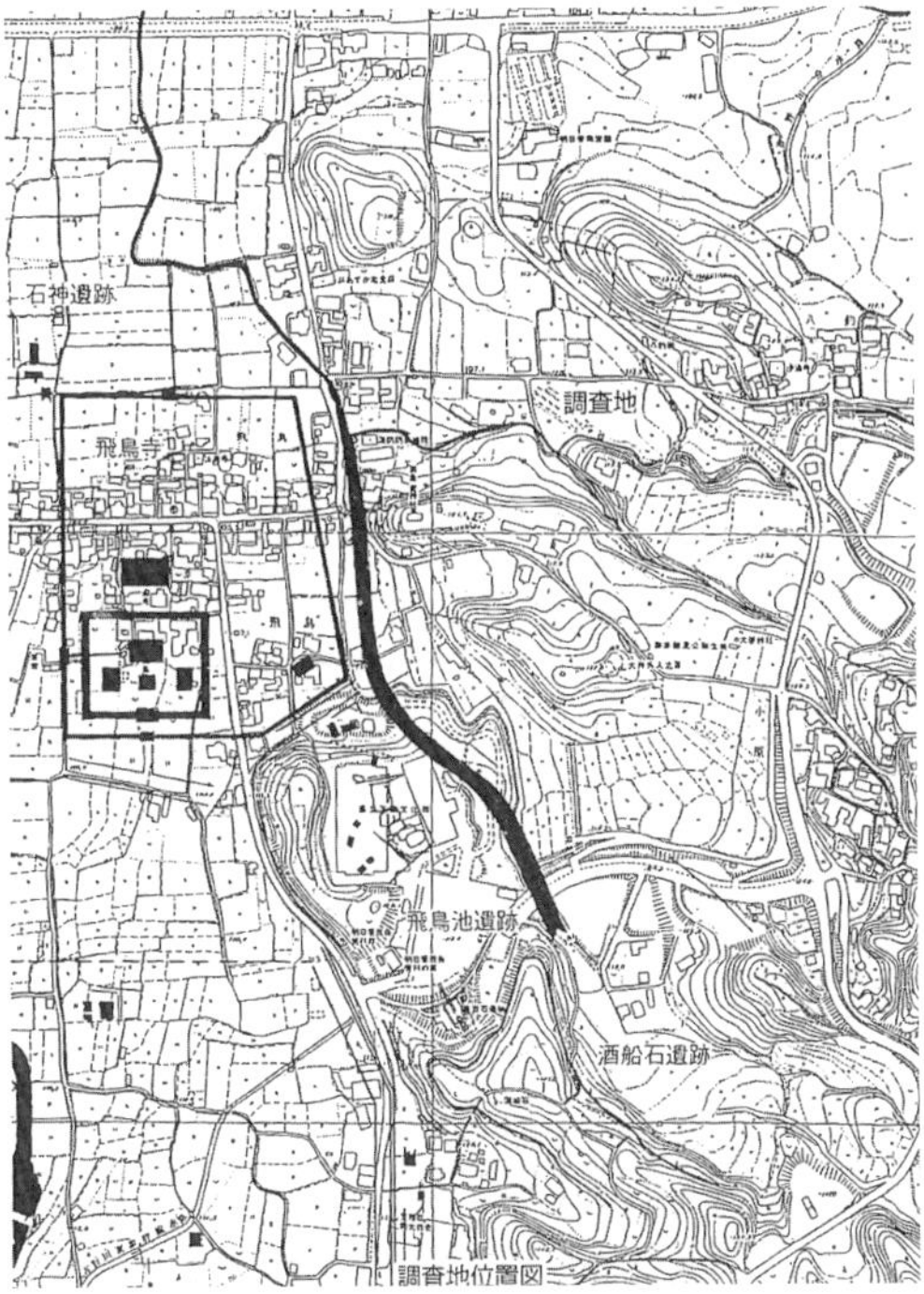

図2 「狂心ノ渠」位置図

図3 飛鳥寺東辺発見の「狂心ノ渠」跡

図４　藤原宮下層の運河跡（奈良文化財研究所提供）

米川などの小河川を使って運んできた材木や瓦などの建築資材は、最終的にはこの大溝によって藤原宮中枢施設の建設地に運び込まれたのだろう。

米川は、新益京《あらましのみやこ》（藤原京）周辺では、新益京の幹道である下ツ道や横大路、また条坊道路に沿う直線流路をとっており、藤原京時代に自然の流路を大規模に人工流路に改修した様子をうかがわせている。この改修は、先の「狂心ノ渠」の掘削頃、あるいは寺川や米川の水運利用が考えられる推古朝頃まで遡るかも知れない。

また、新益京の都市住民の生活を支え、物資流通の拠点となった市は、横大路と中ツ道との交差点付近に東市が、横大路と下ツ道とが交差する近くに西市が設けられていたと考えられるが、ともに直線的に改修された米川沿いの場所にあたる。現在、東西市の推定地の近くには市の神であり、水上交通や舟運の安全を守護する市杵島《いちきしま》神社が鎮座している。東西の市の立地は、米川の水運利用や直線流路への改修と密接な関係にあったのだろう。

平安京でのことではあるが、『延喜式』木工寮によると、雑材を運ぶ方法には、人が担って運ぶ人担と、荷車で運ぶ車載、桴《いかだ》で運ぶ方法があり、運搬量は人担では二六〇〇～三二〇〇立法寸、車載では一両で一六材、体積二万七〇〇〇立法寸、桴一基の積載量は五〇材で、体積にすると一二万立法寸を積む規定であった。桴では、車の場合の約三～四倍の積載量が確保できたわけである。

運賃については、丹波国滝額津《たきぬつ》から山城国大井津までの桴運賃は、雑材一材あたり一・五文とある。一方、大井津から平安京木工寮までの車一両あたりの運賃は五〇文とあるから、雑材一材あたりに換算すると、車賃は約三文。桴で運ぶ距離が、車で運ぶ距離の数倍あるので、単純な比較はできないが、車賃は桴賃の二倍以上になる。以上のように、人担と車と桴の運送量は、およそ一：一〇：三〇の比率である。また、運送量が同じ場合、桴賃が最も安く、車賃、人担賃の順で割高になる。重量物を大量輸送する場合に、桴や舟による運漕がいかに有利であったかがうかがえよう。

正倉院文書《しょうそういんもんじょ》には車を利用しての物資輸送の記事が多く見える。たとえば、東大寺などの造営・造仏事業において必要な木材や和炭、鋳型用の土など東市・西市では購入できない物資を輸送する際には、物資の集積地である泉津までは木津川を舟で運び、そこから平城京までは車が使用された。また、平城京内では、東市・西市を中心に車が盛んに利用されたことを示す記事も多い。

図５　堀川での輸送（『一遍上人絵伝』より、清浄光寺所蔵）

荷車で輸送するには、その前提として道路や橋が整備されていることが必須である。水運に利用される河川や運河と道路とは、造営資材や物資輸送という意味では相互に連絡し合っていることも必要であった。米川がかなり長い距離にわたって下ツ道や横大路に沿った流路をとっているのは、この間の事情を物語るものであろう。河川や運河の水運を使う場合、岸から舟を曳いて溯上させるという方法もとられたと推定できるが、その際、道路が平行して設けてあれば効果が高い。米川などを幹線道路などに沿うように改修しているのは、このような運漕法がとられたからであろう。

律令国家の形成期にあたる飛鳥・藤原京時代は、内陸水運利用網の整備・展開の上でも大きな画期であったのである。内陸水運利用については、それを具体的に跡づける考古学的資料は決して多くはないが、極めて重要な研究課題であることは間違いない。

【初出】「考古拾遺―人・車・駄・舟・桴―」(『Archaeo-Clio』第八号、東京学芸大学考古学研究室、二〇〇七年)を改題。

第2章　飛鳥・藤原京の都市生活

一　飛鳥・藤原の都に住んだ人びと

飛鳥・藤原京の時代は、中国の隋・唐や朝鮮半島の百済《くだら》・新羅《しらぎ》・高句麗《こうくり》との豊かな交流の中で、中央集権国家が胎動し、誕生した時代であった。政治都市が形成され、生活文化が大きく転換した時代でもあった。

飛鳥の都には、どのような人びとがどこに、どのように住んでいたのであろうか。飛鳥に都が集中するに及んで、皇子宮や豪族層の邸宅、官私の寺院などが構えられるようになり、飛鳥は都市といってもよい景観を示すようになった。七世紀後半、天武《てんむ》天皇の皇子の草壁《くさかべ》・大津《おおつ》・高市《たけち》・穂積《ほづみ》・忍壁《おさかべ》・新田部《にいたべ》・舎人《とねり》・弓削《ゆげ》の宮々は、「島宮《しま》」「雷山宮《いかづちやま》」「八釣宮《やつり》」「香来山宮《かぐやま》」「訳語田舎《おさだ》」などとあるように飛鳥盆地内の島や雷丘《いかづちのおか》付近のみでなく、飛鳥盆地東縁の山麓傾斜地の八釣や南縁の南淵《みなぶち》や細川谷《ほそかわだに》、北は盆地外の香具山《かぐやま》の北方から西北方にかけての広範囲に構えられた。

蘇我《そが》本宗家の邸宅は、蘇我稲目《いなめ》の「小墾田《おはりだ》家」「向原《むくはら》家」「軽曲殿《かるのまがりどの》」、蘇我馬子《うまこ》の「嶋宅」「石《いし》川《かわ》宅」「槻曲《つきくま》家」、蘇我蝦夷《えみし》の「豊浦《とゆら》家」「畝傍山《うねびやま》東の家」・甘樫丘《あまかしのおか》の「上《うえ》の宮門《みかど》」、蘇我入鹿《いるか》の甘樫丘の「谷《はざま》の宮門」などがあり、六世紀後半から七世紀前半にかけて、畝傍山の東から軽・石川・豊浦・甘樫丘、そして飛鳥盆地内の嶋に邸宅を構えた。蘇我氏の多くの同族も本宗家の本拠地の北に接する田中《たなか》、さらに山田《やまだ》や香具山付近に及んで邸宅を営んだ。

藤原氏は、飛鳥盆地東縁の傾斜地、小原《おはら》（大原）の地を本拠としたが、蘇我氏滅亡後には、かつて蘇我氏の本拠地であった軽付近の厩坂《うまやさか》に進出して厩坂寺を建設している。

大伴《おおとも》氏は、香具山西北方から現在の橿原《かしはら》市竹田にかけての地が本拠地で、壬申《じんしん》の乱《らん》で活躍した大伴馬来田《まくた》・吹負《ふけい》の「百済家」が有名である。東漢氏《やまとのあやうじ》や鞍作《くらつくり》氏などの渡来氏族が、飛鳥盆地外西南方の檜隈《ひのくま》、坂田《さかた》などを中心に集住したことも際だった特色である。

七世紀中頃以降、役人層が増大し、彼らも飛鳥盆地外の西方・西北方地域を中心に集住するようになる。藤原宮《ふじわらのみや》周辺では、下層から掘立柱《ほったてばしら》建物群が発見される。それは七世紀後半以降に顕著になる。住人の中で僧尼が占める割合が高かった点にも大きな特色がある。

豪族層や役人層などが集住するに及んで、斉明《さいめい》朝には飛鳥に特別行政区としての「京」が成立し、天武朝にかけて整備が進む。「京」の範囲は、『日本書紀』天武九年（六八〇）五月に「京内廿四寺」の記載が見える。ここに見える「京内廿四寺」の分布は、北は横大路《よこおおじ》、西は下《しも》ツ道《みち》、東

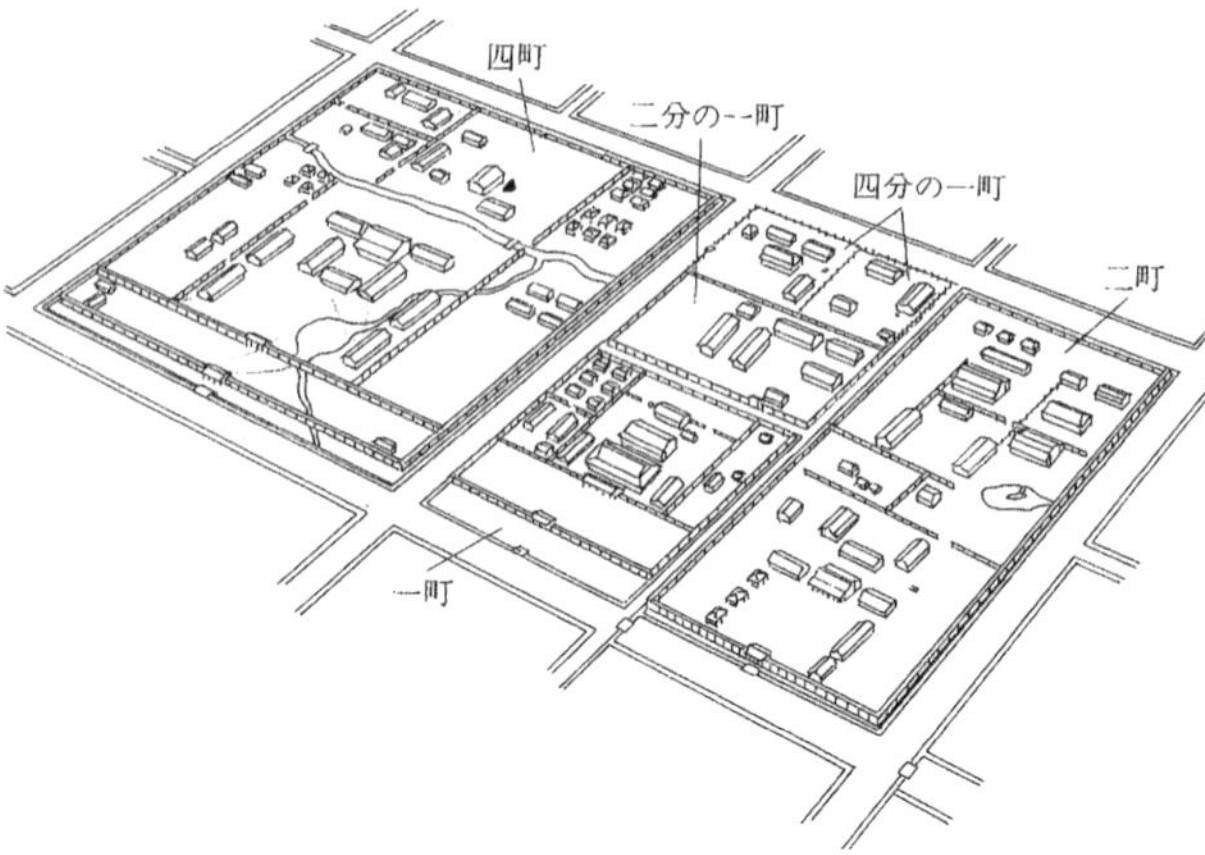

図1　新益京の宅地班給図

は阿部《あべ》・山田道に及ぶ範囲、つまり後の新益京《あらましのみやこ》（藤原京）中枢部の大半を含み、南は檜隈や祝戸《いわいど》に及ぶ広域に及んでいたと考えられる。

日本最初の本格的都城・新益京では、貴族や官人に宅地が班給され、四角い街区の中に居宅が整然と建ち並ぶ政治都市が形づくられていく。京内には、舎人《とねり》や采女《うねめ》として出仕した全国各地の有力者の子弟や、都の建設や修理、宮殿での下働きに従事する仕丁《つかえのよぼろ》、地方から調庸などの税物を運んできた百姓など相当数の人びとも一時的であるにせよ滞在した。

新益京の人口を、『日本書紀』持統《じとう》五年（六九一）十二月条の宅地班給基準と、平城京「右京計帳」とを参考に推算してみよう。宅地班給記事によると、右大臣は四町、直広弐《じきこうに》（従四位下）以上は二町、直大参《じきだいさん》（正五位上）以下は一町、勤位《ごんい》（六位）以下無位に至るまでは戸口の数に従って上戸に一町、中戸に二分の一町、下戸に四分の一町の宅地が班給された。宅地の面積は官位や家族数によって細かく等級づけられたのである。別の規定に、成人男子八人以上が大戸、四人以上が中戸、二人以上が下戸とあり、この戸の人数の比率は、宅地班給基準の上戸・中戸・下戸の比率と合致し、勤位（六位）以下無位の者の班給面積は成人男子の人数によって区分されたと推察できる。

平城京の「右京計帳」によって、成人男子一人あたりの平均家族人数は本人を含めて六・七人と計算できるから、一町の居住者数は、成人男子八人以上で一町が与えられる基準によって、八人×六・七人＝五三・六人以上となる。

岸俊男説新益京の範囲では、実際に居住地として使用できるのは三〇〇町ほどである。したがって、この範囲の居住者数は五三・六人×三〇〇町で約一万六〇〇〇人となる。藤原京十里四方説では、居住可能面積は一一五〇町ほどとなるから、五三・六人×一一五〇町で六万余人となる。平城京での人口増を考慮すれば、これを相当に下回っていたと見るべきで、三万〜五万人といったところであろうか。

二　新益京の住宅事情

新益京内では、どこに誰が住んだのだろうか。藤原不比等《ふひと》の邸宅は、『扶桑略記《ふそうりやっき》』慶雲三年（七〇六）の記事に「城東第《じょうとうだい》」とあり、藤原宮の東にあったらしい。「城東第」は大宝元年（七〇一）に正三位、大納言に昇進した後の邸宅であろう。高市皇子の宮は、「香来山宮」や「埴安《はにやす》の御門《みかど》」と呼ばれており（『万葉集』巻二―一九九）、藤原宮のすぐ東で、香具山西北麓に所在したと推定できる。穂積皇子の宮も左京一条と二条の境近くの中ツ道東側溝から「穂積親王宮」と書いた木簡が発見され、香来山宮付近にあった可能性が高い。忍壁皇子の「雷山宮」は雷丘の近辺にあった（『万葉集』巻三―二三五）。雷丘北方遺跡では、左京十一条三坊の少なくとも二町を占める邸宅跡が発見されたが、これは「雷山宮」である可能性がある。正殿・脇殿などの中枢部の建物群は建て替えられており、天武朝に創建されたものが建て替えられつつ、新益京の時代まで引き継がれている。

平城京朱雀門《すざくもん》下層の下ツ道側溝から出土した「過所《かしよ》木簡」からは、下から四番目の官人の位をもつ大初位上笠《かさの》阿曽《あそ》弥安《みやす》は、藤原宮朱雀門から東南へ二キロ以上離れた京の東南隅に近い「左京小治町」の地に住所があったことがわかる。『続日本紀』文武《もんむ》三年（六九九）正月条には、「林坊に住む新羅子牟《む》久《く》売《め》が一度に二男二女を生む」とあり、渡来系の人びとにも宅地が分かち与えられたことがわかる。

大宝元年（七〇一）三月、大宝令施行に際して、三位以上六人、五位以上は官人一〇五人、諸王一四人が新しい位階に叙位されている。その宅地合計は一五〇町ほどになるが、彼らの宅地は、主に藤原宮の近くに班給されたのであろう。岸説京域の半分ほどの範囲が彼らの邸宅によって占められたことになる。

発掘で明らかになった居宅の構造にはいくつかの種類がある。南面するのが原則であるが、宅地内を掘立柱塀で内外二つに区分するか否かによって二大別できる。宅地全体に数棟の建物を散在させ、配置の上からは同等に扱う「単郭型」と、掘立柱塀で内部と外部とに区分し、中央部を占める内郭内に立派な建物を整然と規格的に配置し、その外周をめぐる外郭に付属屋などの小型建物を配置する「重郭型」である。

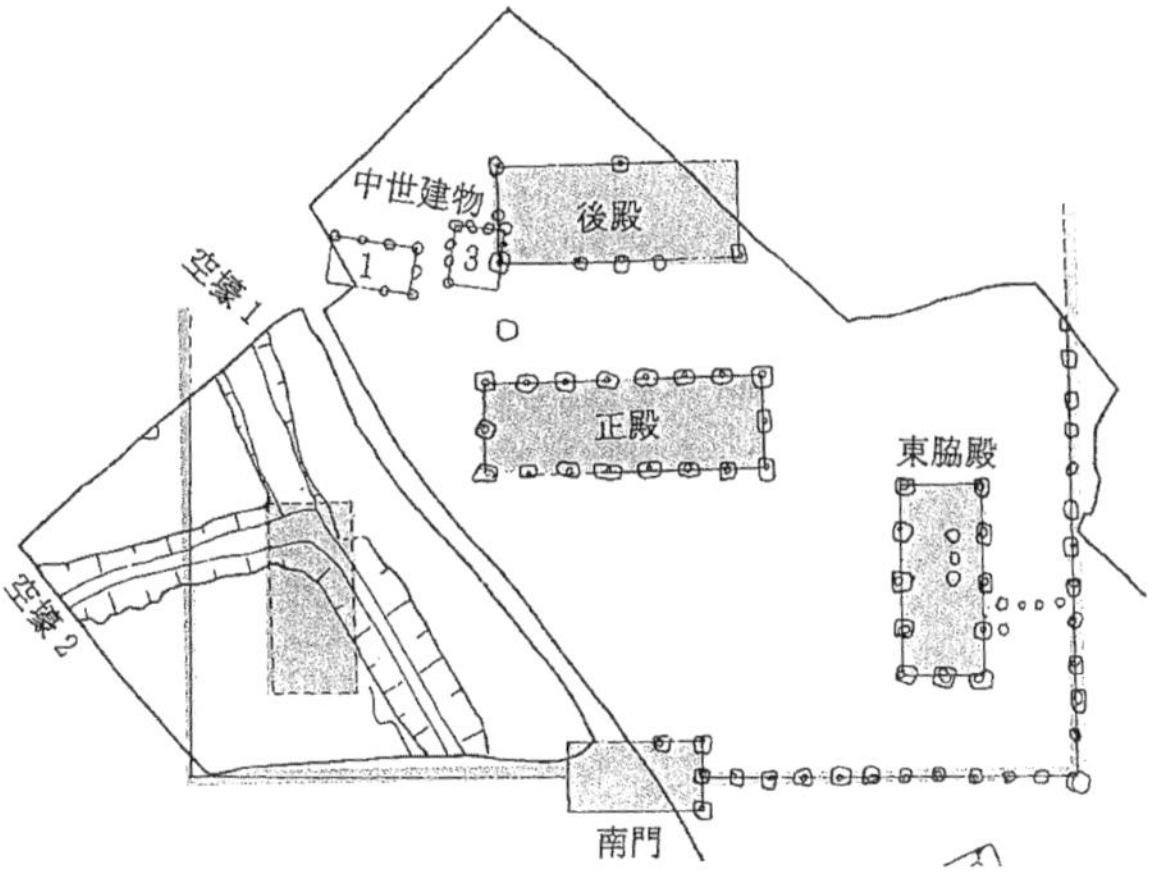

図２　「単郭型」宅地（五条野向イ遺跡）

「単郭型」は四分の一町以下の宅地に一般的に見られ、低い階層の住宅である。主屋と井戸が最低の単位で、主屋と物置・井戸、主屋と物置・厨《くりや》・井戸などと、階層差に応じて建物数が増減する。建物は、柱間が八尺（二・四メートル）以下で、柱穴は一辺七〇〜八〇《センチ》、柱の太さも一五〜二〇《センチ》程度の小規模なもので構成されている。宅地の周囲は生垣や簡素な柵で囲むことが多い。

図3　「重郭型」宅地復原模型（奈良文化財研究所提供）

「重郭型」は半町以上の大型宅地に顕著である。建物は、柱間隔が九尺（二・七メートル）以上で、柱穴は一辺一メートル以上、柱の太さも二〇センチを超える大規模なもので構成され、園池をともなう場合もある。内郭内の中枢部の建物配置は、東西棟の主殿の東西前方に、南北棟の脇殿を対面させて主殿の前庭を囲む「コ字式」や、東西棟の主殿を前後に並べる「二字式」があり、ほかに東西棟の主殿の東西に東西棟の脇殿を並列する「並列式」もあった。

「重郭型」は高位高官の邸宅で、内郭の主殿や脇殿は寝殿や家政・儀式用の建物で、外郭には、従者の住居や物置・厨・倉などが配置されたのであろう。

藤原宮朱雀門から南西へ約三〇〇メートルの藤

原京右京七条一坊西南坪の地では一町を敷地とする邸宅跡が発見された。周囲を掘立柱塀で囲んだ敷地は東西約一一九メートル、南北約一〇三メートルで、総面積約一万二〇〇〇平方メートルに及ぶ。宅地は七条大路に面しており、南面掘立柱塀の中央に東西三間（八メートル）、南北二間（五メートル）の南門が開く。もう一重、掘立柱塀で囲んだ内郭は、東西六二メートル、南北五〇メートルの広さで、大規模な掘立柱建物が建ち並ぶ。まず、南辺中央に間口五間（一四・三メートル）、奥行二間（六メートル）の大きな中門がある。中門を入ると、主殿・後殿・後々殿が敷地の中軸線上に南北一直線に並び、主殿の前方の東西に東脇殿と西脇殿とが対置されている。内裏《だいり》の中枢部とよく似た建物配置で、柱通りを揃えるなど整然とした配置構成であり、重郭型コ字式の典型例である。

　敷地の中央にある主殿は、四面に廂《ひさし》をめぐらした東西九間、南北五間、面積三〇七平方メートルに及ぶ大規模な建物で、平城京の左大臣長屋王《ながやおう》邸の主殿三五〇平方メートルと比べても遜色がない。内郭の建物群の総面積は約七〇〇平方メートルに及んでおり、まさに邸宅と呼ぶに相応しい規模・構成である。

　一町は直大参（正五位上）以下、勤（正六位上）以上の者などに班給される基準ではあったが、藤原宮正門に近い最上級の場所であり、建物・施設の内容を考えあわせると、歴史上に名を知られた王族か貴族あるいは高官の邸宅であったかと思われる。

　一町を敷地とする「重郭型」邸宅は、藤原宮に近い場所での発見例が多い。藤原宮の東方では左京二条三坊西南坪、左京四条三坊、左京七条三坊西南坪、藤原宮の北方では右京二条一坊西南坪、右京二条三坊東南坪、西方では右京三条三坊東北坪などでの発見例がある。右京二条三坊東南坪の邸宅は、内郭中央部に大規模な主殿と前殿とが前後に並ぶ重郭型二字式である。左京四条三坊の邸宅は二時期の変遷があり、後期には二町以上を占めるようになる。

一方、岸説新益京の西端にあたる右京八条四坊西南坪では、小規模建物からなる低い階層の住宅が発見されており、大藤原京域の左京北三条四坊西南坪では、東西約一二五メートル、南北約三〇メートルの東西に細長い四分の一町の宅地と、その内部で二間×三間の小規模建物が発見されている。

大藤原京説西端にあたる土橋《つちはし》遺跡では、四分の一町の宅地のほか、八分の一町の宅地が確認された。四分の一町の宅地は一辺約五九メートル四方で、面積は約三五〇〇平方メートルを占めている。宅地内には、その中央南寄りに、掘立柱建物や倉庫があり、掘立柱塀でコ字状に囲んだ中央部には東西に廂をもつ南北棟の主殿が独立して建てられており、主殿域の外側には付属建物群が配置されていた。宅地内の建物は、一一棟からなっている。建物群は規格的に配置されているが、建物の造営方位はきちっとは揃わず、間口三〜五間程度の小規模な建物が中心である。敷地東南隅には井戸が設けられている。宅地の周りを囲む塀は確認できておらず、簡素な柵や生垣などで画されていたのであろう。大初位上笠阿曽弥安の家はこのようなものであったろう。

土橋遺跡では、八分の一町の宅地は二区画が明らかにされている。宅地は、南北二八メートル、東西五四メートル、面積約一五〇〇平方メートルで、宅地内には間口三〜四間、奥行二間程度の小規模建物がある。

敷地東南隅にはそれぞれ一基の井戸が設けられている。先の宅地班給基準の最低基準に見える四分の一町よりさらに狭い八分の一町の宅地の存在が明らかになったことは重要である。宅地の細分は人口増に対応する措置であったのであろうか。

三　都市問題の発生

三〜五万人とはいえ、これだけ大勢の人びとが一ヵ所に集住するのは初めての経験であった。食料や飲料水をどう確保するのか、消費生活にともなう多量のゴミや生活雑排水、糞尿をどのように処理するのかなどなど、インフラ整備が大きな課題となり、都市衛生や疫病の頻発など都市が生まれたことで深刻さを増した困難な問題にも初めて直面しなければならなくなった。

飲料水や生活用水の確保はどのように行われたのであろうか。飛鳥の宮殿では木樋《もくひ》や土管、石組溝を組み合わせた地下水道の整備が始まっていたが、地下水位が高い新益京では宅地毎に井戸一基を掘って確保するのが原則であった。

便所はどのようなものであったのであろうか。飛鳥では、これまで便所遺構は発見されていない。藤原宮と新益京では、「貯留式便所」「水洗式便所」「共同水洗式便所」の三種類の便所跡が発見されており、京内宅地では「貯留式」と「水洗式」とがある。

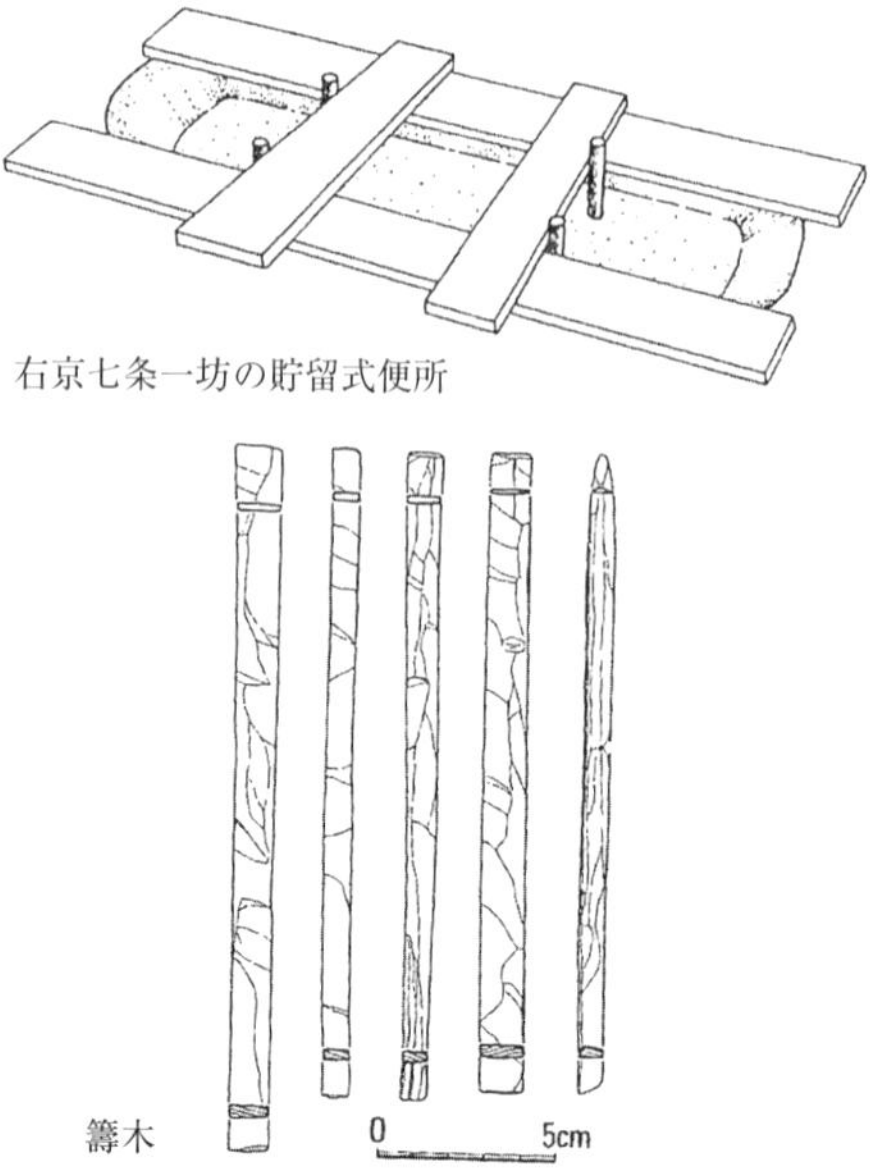

右京七条一坊の貯留式便所

籌木

図4　新益京の貯留式便所

右京七条一坊西北坪で発見された「貯留式便所」は、深さ一メートルほど、長さ一・六メートル、幅〇・五メートルの長方形状の穴に杭を打って用をたすための板を渡した構造のものであった。この穴の埋土からは、トイレットペーパーにあたる長さ二〇センチ、幅一センチほどのヘラ状木製品の籌木《ちゅうぎ》約一五〇点のほか、瓜の種子、魚骨、植物種子、糞虫などの微細な遺存体のほか、回虫、肝吸虫、横川《よこがわ》吸虫《きゅうちゅう》などの寄生虫卵が大量に抽出された。これらはこの穴が便所であることを明瞭に物語っている。

魚骨や瓜の種子は食べた滓《かす》が糞便とともに排出されたものである。回虫は生野菜を、肝吸虫や横川吸虫は鯉や鮒などの淡水魚を生食するか、火が十分通らない状態で食べると感染する。便所の埋土に残る微細な遺存体から、食生活や衛生・健康状態まで垣間見ることができるのである。

「水洗式便所」も右京九条四坊や右京三条三坊東北坪、左京二条二坊西北坪など新益京内の各所で発見されている。「水洗式便所」は、条坊道路の側溝から幅・深さ約五〇センチ、径五メートルほどの便所で半弧状の溝で流水を宅地内に引き込み、この溝に便を処理し再び側溝に流し戻す仕組みの便所である。溝内に直接用を足したり、携帯用便器に貯めた糞尿を流したのであろう。道路側溝は単に排水用だけのものではなく、屎尿や汚水を処理する下水道でもあったのである。

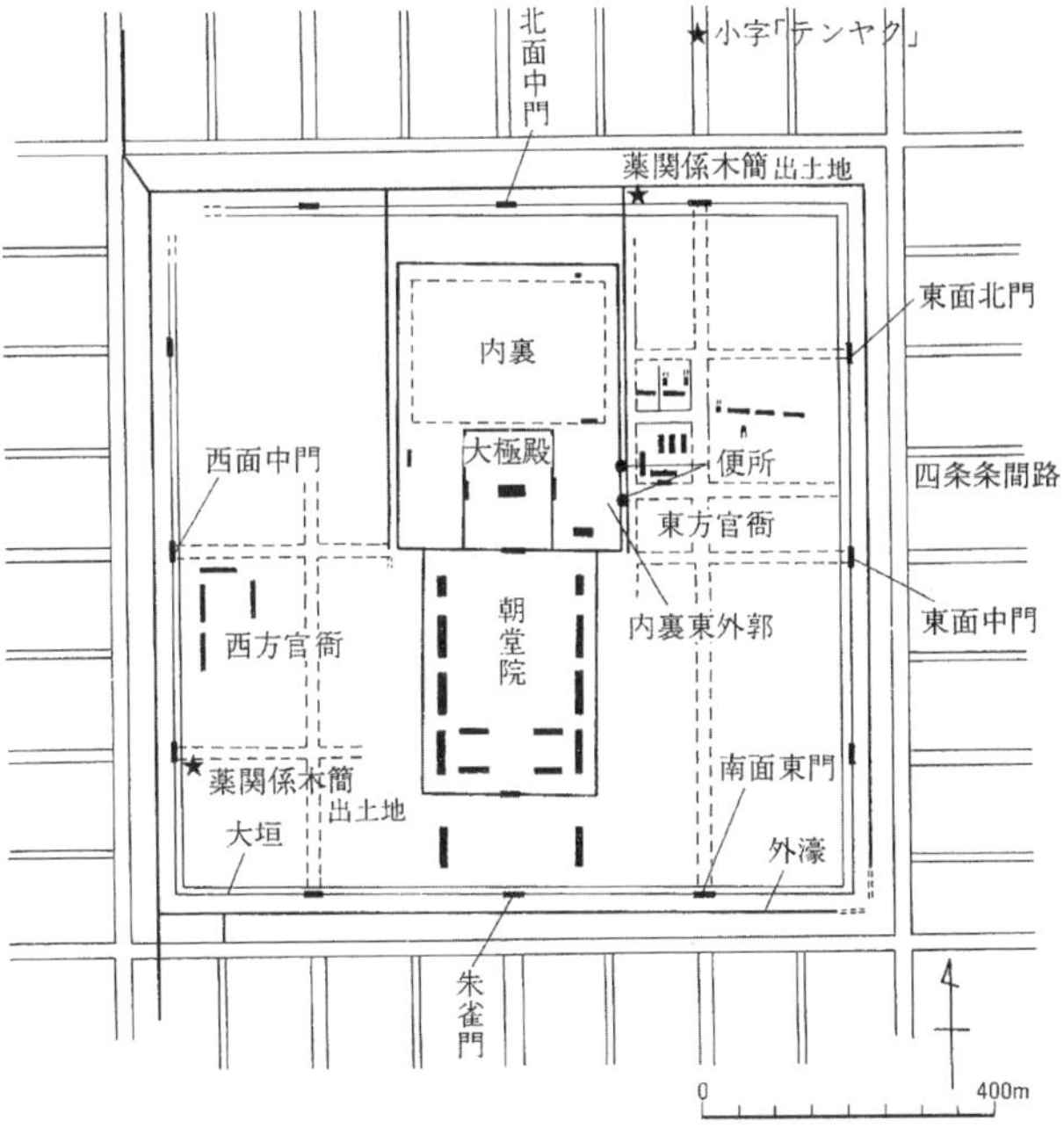

図5　藤原宮の水洗式便所の位置

　大勢の役人が勤める藤原宮では水洗式の大きな共同便所が作られた。内裏東外郭と東方官衙《かんが》との間を南北に貫流する東大溝上に建てられた南北長二〇メートル余、東西幅三・六メートルの細長い二棟の掘立柱建物がそれである。東大溝は、北面大垣下を抜けて北外濠に流れ込む幅五メートル、深さ一・五メートルほどの宮内基幹排水路である。二棟の建物付近の大溝内からは籌木が多量に出土しており、二棟の掘立柱建物は東方官衙の官人たちが利用する「共同水洗式便所」であったと考えられる。内裏西外郭の西に沿う西大溝にも、西方官衙に務める官人が使う共同便所が設けられていたであろう。

『続日本紀』慶雲三年（七〇六）三月条に見える詔《みことのり》は、新益京が抱える矛盾を率直に表明したものとして名高い。詔は、京の内外に穢れた汚れがあふれ悪臭が漂っていることをあげて、厳し

図6　藤原宮の水洗式便所　外観の復原図

図7　新益京の水洗式便所跡（橿原市教育委員会提供）

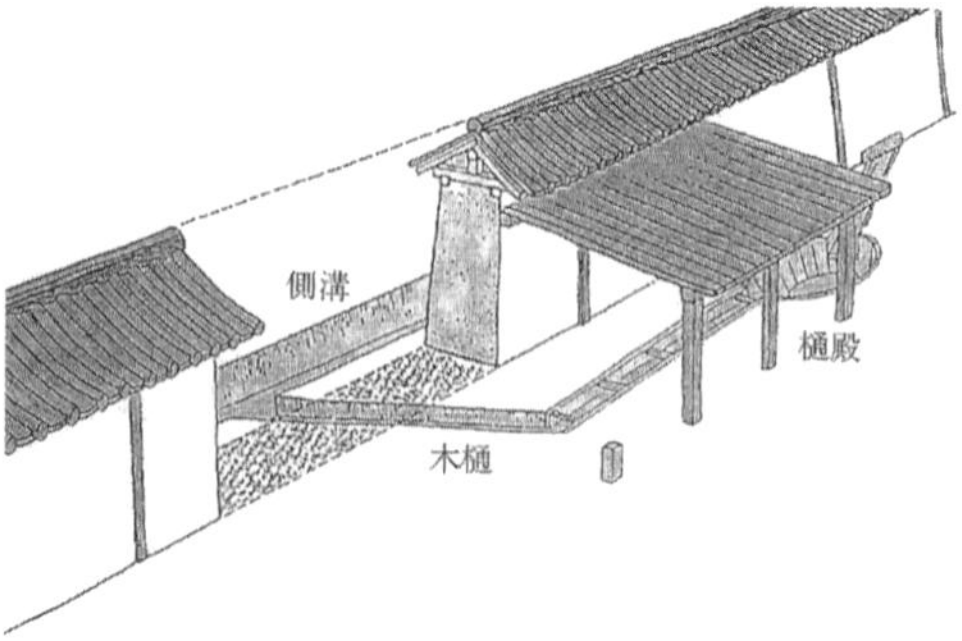

図8　新益京の水洗式便所　内部の復原図

く取り締まるよう命じている。ほとんど浄化されないまま道路側溝や、宮の東西大溝から外濠へ、さらに河川へと大量に排出される糞尿は、都市衛生の悪化など困難な事態を引き起こし、その対策が大きな政治問題化してきたのである。

四　疫病の流行と政府の医療対策

新益京へ遷都して十余年。文武天皇の慶雲三年（七〇六）の記事に、「天下諸国が疫して百姓が多く死んだ。政府は土で牛形を作って大いに追儺《ついな》した」と見える。疫病や災禍《さいか》をもたらす悪鬼を追い払う追儺行事の初見である。同年閏正月、新益京や畿内で起った疫病は、医療、祈禱《きとう》を尽くした政府の懸命の努力も効果が薄く、四月には諸国に蔓延《まんえん》して、勢いは翌年四月まで続いた。藤原京時代に入って『日本書紀』や『続日本紀』に疫病流行の記事が急増してくる。文武二年（六九八）以降、とくに著しい。越後、信濃、上野など辺境での流行が目立つ一方で、京・畿内から全国に及んで蔓延した例も少なくない。「疫病」とは広く熱性伝染病を指し、中では赤痢が多かった。なぜ、藤原京時代に疫病が流行するようになったのであろうか。

先に見た慶雲三年三月の詔は京内外の不衛生ぶりを伝えてあまりある。糞尿やゴミ処理の難しさにともなう不衛生は、疫病を大流行させる大きな誘因となった。しかも、律令国家の成立は人びとの交流を従来になく密接に、かつ頻繁にさせ、かつ全国的なものとした。国司やその家族が任地に赴き、全国各地からは百姓たちが納税や都での下働きなどのために新益京に集まり滞在した。彼らは新益京での任務を終えれば郷里へと帰っていく。疫病が起これば、新益京内はむろんのこと全国的規模で流行する条件が増大し、深刻な社会問題となってきたのである。

政府による医療対策はどのようなものであったのであろうか。浄御原令《きよみはらりょう》制下では医事を担当する官司として「内薬官」と「外薬寮《とのくすりのつかさ》」とがあり、医博士、呪禁博士、医師、侍医の職名も登場する。飛鳥京跡苑池《えんち》出土の天武朝頃の木簡に、「西州続命湯方」など薬法や治療法を記したもの、薬物名を列挙したものなどがあり、苑池には薬園が付属していたらしい。天武朝には、宮廷医療の体制が相当に整えられていたのである。

八世紀に完成する令制では、「内薬官」は天皇や宮中の医事を担当する中務省《なかつかさしょう》所管の「内薬司」となる。「外薬寮」は「典薬寮《てんやくりょう》」となって宮内省に属し、一般官人の医療や医学教育、諸国から税として貢進されてくる薬物の収納や保管などを管轄し、直営薬園での薬草栽培なども担当した。茶園や乳牛院なども付属した。典薬寮には、長官以下の事務官と、医師、医博士、医生、針師、針博士、針生、按摩師、按摩博士、按摩生、呪禁師《じゅごんし》、呪禁博士、呪禁生、薬園師、薬園生など多くの医薬の専門家と学生が所属した。乳牛を飼い、乳をしぼり、蘇《そ》・酪《らく》などの乳製品に加工・管理する仕事も典薬寮の任務であった。牛乳や乳製品は孝徳《こうとく》朝に中国から伝来した新しい食品で、薬餌《やくじ》でもあったのである。

藤原宮跡では、西面南門近くの内濠と、東大溝が北外濠に合流する付近との二ヵ所で薬関係木簡が集中して出土している。

西面南門付近の内濠からは、漢方生薬の名などを記した浄御原令制下の多数の薬関係木簡が出土した。生薬名は二五種類に及び、今も発汗、咳止め、強壮などの漢方薬として使うものである。生薬名の下に十斤、一斗などと分量を記すなど、宮内で生薬を保管・整理するために薬に付けていた付札が大半を占めている。武蔵国から「桔梗卅斤」を税として貢納してきた生薬に括り付けた荷札などもある。「出雲臣知末呂」ら官人四人に「防風」を支給した文書木簡や薬の処方箋《しょほうせん》、「硫黄」「黒石英」などの鉱物質薬物名と量目を記載したものもある。「外薬……」と記した木簡があり、出土地付近に浄御原令制下の「外薬寮」があったらしい。なお、平安宮《へいあん》の「典薬寮」も西面南門である談天門内の北に位置している。

東大溝からは医薬関係木簡が約二〇点出土している。大溝の南上流部で投棄されたものらしい。漢方生薬名を記した付札や荷札が多く、古代象の骨牙の化石「竜骨」の名も見える。「竜骨」は中国からの輸入薬で精神安定剤になった。一〇種の生薬を調剤して「漏盧湯」を作る処方箋とその末尾に「本草《ほんぞう》」と記したものもあった。「本草」とは、六世紀の博物学者陶弘景《とうこうけい》が著わした中国漢方の基本図書『本草集注《しっちゅう》』のことである。なお、「漏盧湯」は何に効く薬かは明らかでない。

木簡は大宝令以降のもので、内裏東外郭付近に「内薬司」があったのであろう。こうして医療は国家事業として重要視され、宮廷医療を中心に一段と進歩していった。疫病が流行した際には、地方へも医薬が施されている。

医療制度は、漢方薬や『本草集注』の存在に示されるように中国を手本に整えられた。一方で、中国の制度にない呪禁師・呪禁博士・呪禁生が正式職員として加わっているのは著しい特色である。呪禁とは呪文を唱えて病の悪気を祓うことをいう。当時、病にかかるのは体の中に悪霊が宿るためと考えられており、呪文を唱えて病の悪気を体外に取り出す呪術的治療法が医術的治療法と並んで重要な位置を占めていたのである。

藤原宮跡や新益京跡からは呪術的治療に使った各種の用具が出土する。薄板を削って人の正面全身像を現した人形《ひとがた》が代表的である。人形は七世紀後半から出現し、溝などから出土することが多い。体の中の悪気を人形に移し、それを水に流すことで病気が治ると信じられたのである。藤原宮の内裏東北方の東大溝から薬関係木簡とともに出土した人形には、左目を墨で塗りつぶしたものがあり、これは呪禁師が眼病の治療に病人の形代（身代り）として使ったものである。

溝などから、人形と一緒に、薄板を馬形、舟形、鳥形に象った木札、土馬《どば》がよく見つかる。人形を馬形、舟形、鳥形などに乗せて水に流すことで悪霊を他界に運ぶ、そのような呪術的治療に用いた道具である。刀形や矢形は悪気を人形に移す時に使ったものらしい。

五　祭祀・呪術・雨乞い

人形、馬形、舟形、刀形、斎串《いぐし》などの木製祭祀具、金属製人形、土馬などは、万民の罪穢を祓う「大祓《おおはらえ》」など国家的祭祀でも重要な道具であった。藤原京右京五条四坊の下ツ道東側溝の上層からは、藤原京時代の金属製人形を含む各種祭祀具が発見された。金属製人形は薄い銅板を鋏で木製人形と同様の形に切り整えたもので、『延喜式《えんぎしき》』大祓条御贖《みあが》・中宮御贖項にある「鉄人像」にあたる。金属製人形は、天皇・中宮・東宮に限って使用できる祓いの形代であり、下ツ道で大祓が行われたことを示している。国家的祭祀では京の四至などの重要な境界が祭り場となったが、下ツ道は京の重要な境界と意識され、大祓が行われる場であったのである。

同じ溝の下層からは天武朝に遡る呪符木簡が出土している。その一つは長さ二四・一チセン、幅四・五チセンの薄板に、「日」を三列に上下にいくつも書き連ねた下に「尸（屍）」「鬼」と道教の呪《まじな》いの記号と、下端に「急々如律令」の記載が見える。「急々如律令」とは、「律令を全国に行き渡らせる時のように、速やかに願い事をかなえて下さい」という意味の道教の呪句で、災厄や病気を祓う呪いなどに使われた道教的信仰に基づく呪符である。中世に盛んになるが、この呪符はその最古の例である。もう一つは、長さ一六・二チセン、幅四チセンの薄板に、二行にわたって「□戌日死人□」、

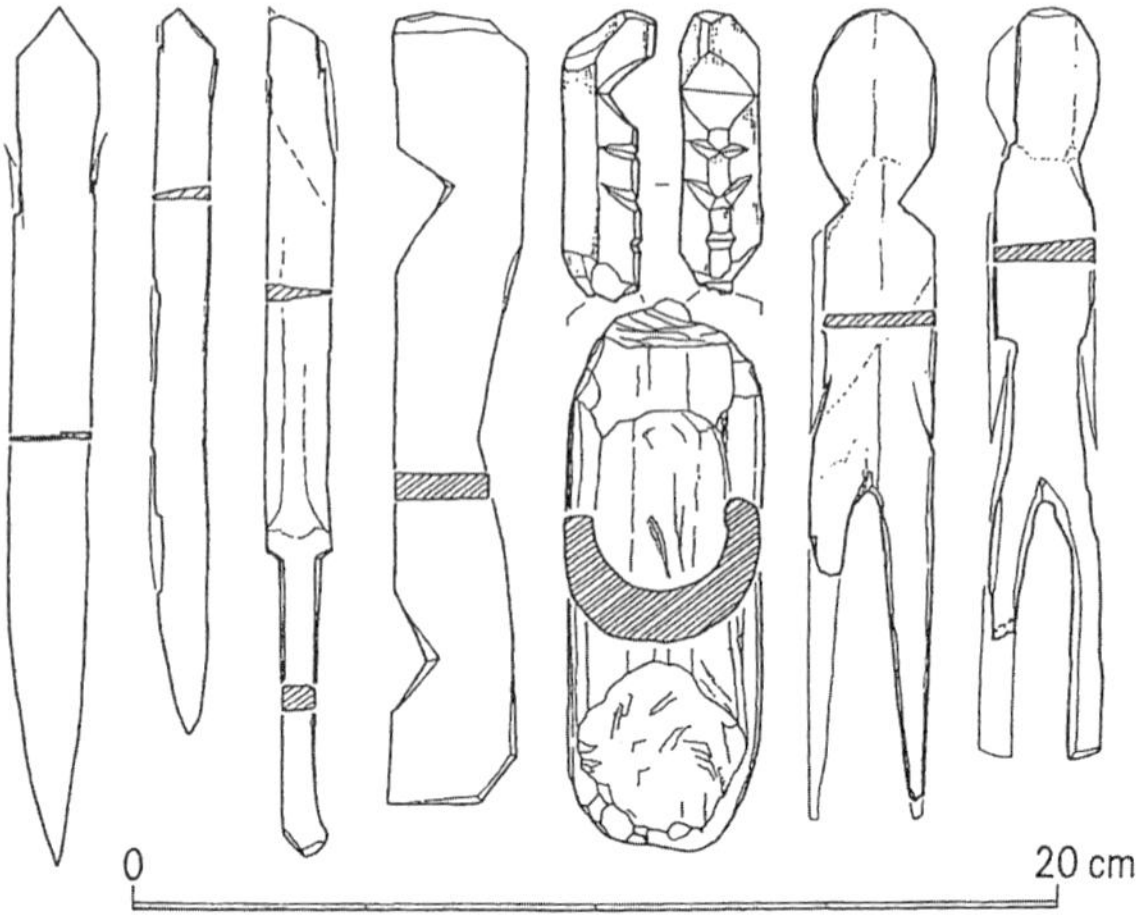

図9　新益京出土の呪術具

「今□□」と見える。死の汚れが起こったために、臨時の祓を行った時に使ったものであろう。

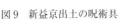

右京九条四坊の地でも、「急々如律令」の記載のある呪符木簡が出土している。三五歳の者が、その年の禁忌と宮仕えの良き日を陰陽師《おんみようじ》に占ってもらった呪符である。表は『五行大義《ごぎようたいぎ》』に基づく「八卦遊年法《はっかゆうねんほう》」によったもので、裏に記された「三月十一日庚寅木開」は慶雲二年（七〇五）にあたる。「八卦遊年法」は、陰陽道が隆盛する平安時代に盛んになるが（黒岩重人「藤原京出土木簡と陰陽五行」『東アジアの古代文化』八〇号、一九九四年）、藤原京時代には「八卦遊年法」による忌み避ける方角や日の吉凶を占う呪法が始まり、定着しつつあったのである。「律令的祭祀」は七世紀後半には相当に形を整えており、その形は、中国伝来の道教的要素を日本古来の祭祀に加えたものであった。

吉凶の判断など日々を過ごしていく上で規範になったのが具注暦《ぐちゅうれき》である。具注暦木簡は飛

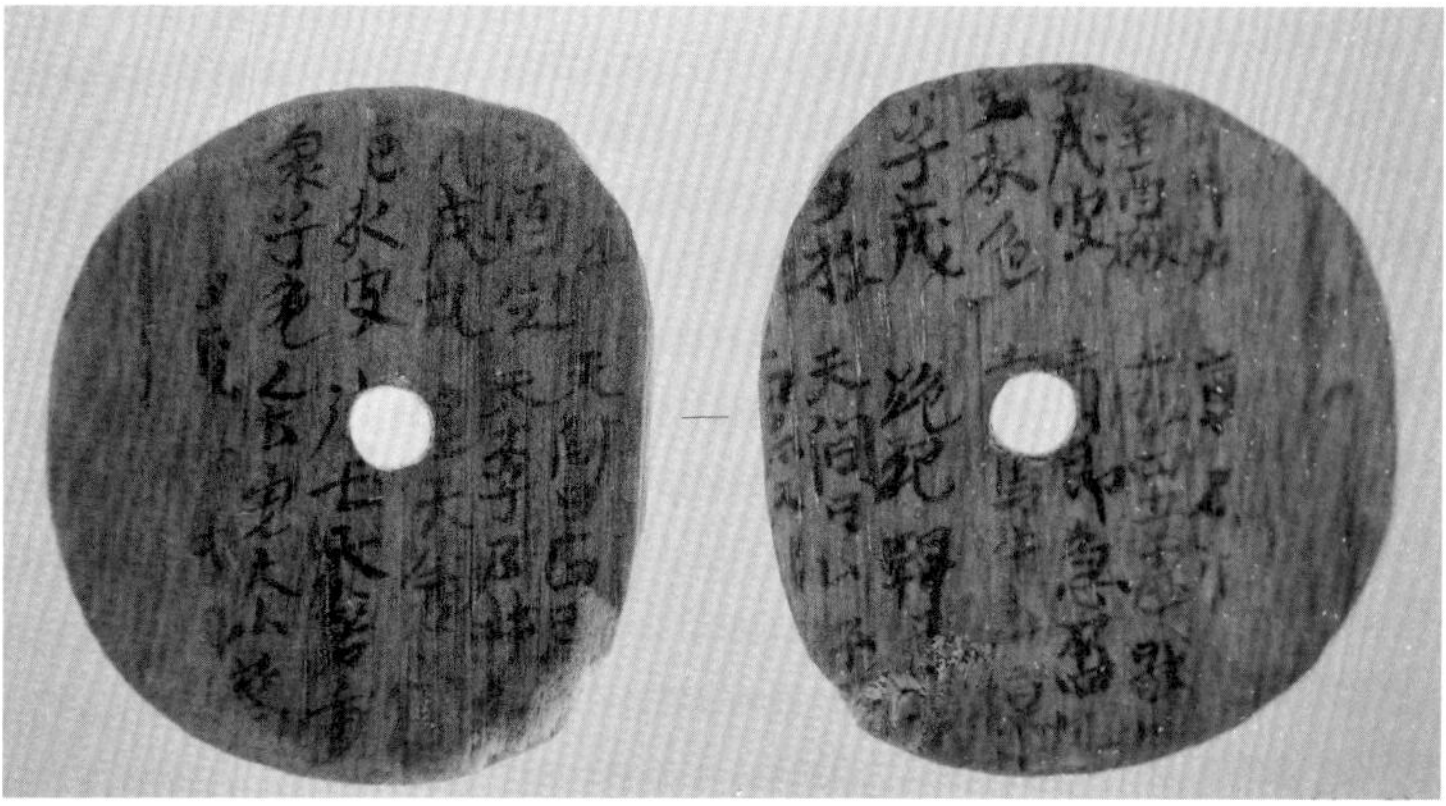

図10　石神遺跡出土の具注暦木簡

鳥・藤原地域で三例発見されているが、石神《いしがみ》遺跡出土の持統三年（六八九）の具注暦木簡は現存最古の暦の実物である。中央に孔を開けた径約一〇センチの円板に再加工したもので、表裏ともに上部に干支を順番に記し、続けて日々の吉凶、生活の指針を示した十二直を配し、「上玄（弦）」や「望」など月の満ち欠けが記されている。下部に「帰忌《きこ》」「血忌《ちいみ》」「往亡《おうもう》」などの具注がある。表に三月、裏に四月の一ヵ月分の暦を記したもので、全幅約四〇センチの暦が復原できる。『日本書紀』持統四年（六九〇）条に「始めて元嘉暦《げんかれき》と儀鳳暦《ぎほう》とを行う」とあるが、この具注暦の暦日は元嘉暦と合致し、その唯一の実例である。

　暦は、中務省所属の陰陽寮《おんみようりよう》が作って、中央や地方の役所に頒布した。一〜六月を上巻、七〜十二月を下巻とする二巻構成の巻物であるが、そのままでは実用しにくいので、頒布を受けた官司などで、板などに必要な暦日部分を抜き書きして使用したのである。石神遺跡出土の具注暦木簡は、こうした日常使用のために書き写したものであった。

藤原京左京七条一坊には「衛門府」の本司が所在したことが明らかにされているが、ここで発見された大宝元年（七〇一）頃の大量の木簡の中に、「九坎療病……牆」や「……月遂陳帰忌」と記した木簡がある。「九坎《かん》」「療病」や「遂陳（陣）」「帰忌」は具注暦に用いられる語句で、具注暦が飛鳥・藤原の宮都に深く浸透していた様子をうかがわせている。前者は呪術的な治療に使ったものであろう。

雨乞いも政府にとって重要な祭祀であった。『日本書紀』皇極《こうぎょく》元年（六四二）の記事によると、この年の六・七月は大変な旱《ひでり》で、牛馬を殺し供えて諸社の神々に祈り、市をしきりに移したり、河伯《かわのかみ》に祈禱したが、雨はさっぱり降らなかった。蘇我大臣蝦夷は、大寺（飛鳥寺）の南庭で多くの僧に「大雲経」を読ませるなどして降雨を祈ったが、効験がなかった。

皇極元年八月、皇極天皇が南淵の川上に行幸して、跪いて四方を拝し天を仰いで祈ると、たちまち雷が鳴って大雨となり、五日間も降り続き、国中の百姓は皆喜んだ、と見える。

『続日本紀』大宝元年四月条にも、諸社に幣帛《へいはく》を奉納して、名山・大川の神々に祈雨した記事が見え、慶雲二年（七〇五）六月条にも、京と畿内の行いの浄い僧たちに祈雨させるとともに、市の南門を閉鎖したと見える。牛馬の犠牲を神に捧げたり、市を他所に移したり、閉鎖したり、四方拝による祈雨は中国伝来の祭儀である。仏教的な請雨儀礼とともに、中国風の請雨儀礼の効験が期待されていたのである。

「右京職《うきょうしき》」が置かれた可能性がある右京七条一坊西北坪出土の木簡の中に、「符雩物□□（持カ）」・「今卅人　阿布□」と記したものがある。「雩」は雨乞いの意で、雨乞いに際して、その荷物を運ぶ人夫の徴発を命じた木簡である。雨乞い祭祀は市を管轄した京職の担当であったのである（竹本晃「京職と祈雨祭祀」『奈良文化財研究所紀要』二〇〇八年）。

六　都市生活と市

平安時代の歴史書『扶桑略記』によると、大宝三年（七〇三）、新益京に東市と西市とを置いたと見える。次にあげる理由によって、東市は中ツ道と横大路の交差点付近に、西市はその西対称位置の下ツ道沿いに置かれたと推定できる。

藤原宮の北面中門外のゴミ捨て穴からは、宮内から京の市に糸を売りに行く時に使った宮城門の通行証木簡が発見されている。市に向かうのに北面中門が使われているのは、市が藤原宮の北にあったからであろう。また、横大路と中ツ道の交差点と下ツ道沿いの場所には、市の守護神で舟運の安全を守る宗像《むなかた》社の市杵島姫《いちきしまひめ》を祀る市杵島神社が現存している。この二つの市杵島神社の近くを流れる「米川」は横大路や下ツ道に沿って直線的な流路をとり、新益京の建設にあたって自然の川を改修して水運路として整備したものと考えられる。都城の東西対称位置に二つの市を置くのは中国の制度に倣ったものではあるが、市の立地は、水陸交通網や排水処理などを含めた新益京建設の基本計画とも深く関わっていたと考えられるのである。

新益京の成立は官人とその家族などを中心に大勢の消費生活者を生み出した。東西市は都市住民の生活物資や官司、寺院の運営に必要な品々を調達するために、国家がその管理の下、物流の拠点として計画的に設けた公設市場であった。加えて、中央政府に納税されてきた物資は、宮廷や国家諸機関で使う分を差引いた後、市に放出されて中央政府の財政基礎を支えた。大量の物資を運び込むために、堀川を含めた水運の整備が重要であったのである。

令の規定では、京の市を管理・運営する市司《いちのつかさ》は京の行政や警察などを司る左右京職に所属し、東西市司は、それぞれ長官・次官・書記官が各一人、価長《かちよう》五人、物部《もののべ》二〇人など合計三九人で構成された。価長は価格を検査する官人、物部は市の検察を担当する官人である。「関市令《げんしりよう》」によれば、市は午の時に開き、日没前に閉じる決まりで、開閉は鼓を九回ずつ三度打って合図された。価格は公定で、そのほか売買に関するさまざまな細則もあって、売物の真偽も検査された。市以外での売買は原則として禁じられていた。

十世紀初頭にできた法律の施行細則をまとめた『延喜式』によると、毎月十五日以前は東市が、十六日以降は西市がそれぞれ開かれ、東市では五一品目、西市では三三品目が扱われた。穀物・

野菜・果物・海藻・魚・調味料などの食料品、絹・木綿・麻の布や糸、衣服類、土器や木製の食器と容器類、薪炭など燃料、鉄の工具や武器武具類、櫛や玉などの装身具類、紙や筆などの仕事の道具、贅沢品、さらには牛馬や奴隷も売られていた。

新益京の市は、『続日本紀』慶雲二年（七〇五）二月条に「市の南門」とあり、周囲を囲む塀があり、南に正門が開き、中には多くの店や市を管理する市司の建物、倉庫などが建ち並んでいたのであろう。当初は富本銭《ふほんせん》が使用されたが、和銅元年（七〇八）の和同開珎《わどうかいちん》の発行は商活動をさらに活発にしたに相違ない。和銅頃、平城京造営のために雇われた人びとの一日の功賃は和同開珎銅銭一枚＝一文で、これで白米一・八キロが買える物価であった。

市では、さまざまな儀礼や行事も行われた。推古十六年（六〇八）、隋使裴世清《はいせいせい》の歓迎儀式が「海石榴市《つばいち》」の衢《ちまた》で飾馬七五頭を仕立てて催されており、天武十年（六八一）には、「軽市《かるのいち》」に王族や貴族が集まって、飾馬を検閲する儀礼が行われている。柿本人麻呂《かきのもとのひとまろ》の妻の死を悲しむ歌（『万葉集』巻二―二〇七）からも「軽市」の賑わいぶりがうかがわれる。

「養老令《ようろうりよう》」には、市は死刑執行の場と定められており、多くの人びとが集まる市は、見せしめのために罪人の処罰を行う刑場でもあった。刑罰は京職が監督したが、実際の刑は市司の長官と、その下に所属した物部が担当した。平安京では有能な官人を市で表彰した記録も見える。

飛鳥時代の海石榴市や軽市には、神が降臨する椿や大槻《おおつき》の聖樹があり、市が神聖な場所であることを象徴した。聖樹の下で行われる物資の取引は神を仲立ちとした不正の許されない神聖な行為と見なされたのである。京の市に市杵島姫を祀ることも共通する観念に基づくものであろう。もとは豊穣を予祝する祭りであった歌垣《うたがき》や祈雨が行われたのも、市の神聖性と関係がある。宗教的、祝祭的空間という市の性格は七世紀には始まっており、京の市は貴賤貧富、老若男女などが集まり、社会のさまざまな階層の人びとがふれ合う公共広場という性格を強く持っていたのである。飛鳥寺西の聖なる槻樹の広場では、斉明朝から天武朝にかけて蝦夷《えみし》・隼人《はやと》らに対する服属儀礼が行われたが、槻樹の広場は支配者と飛鳥の都民とが邂逅する場でもあったのである。

【初出】「飛鳥・藤原京の都市生活」（福岡市文化財講演会、二〇一一年）。

第3章　よみがえる飛鳥の都市景観

一　皇子宮と邸宅——生活空間としての飛鳥の都市景観

飛鳥・藤原地域に宮都が集中的に営まれた六世紀末から八世紀初頭にかけて、それは日本が中央集権的な律令国家の体裁を整え、中国の隋・唐を中心とする文明国家の仲間入りをしていく日本古代史上の大きな転換期であった。七世紀を通じての為政者たちの模索は、七世紀末の藤原宮《ふじわらのみや》と新益京《あらましのみやこ》（藤原京）の建設、八世紀初頭の政治の規範となる大宝律令《たいほうりつりょう》の制定・施行をもって集大成ともいうべき結実を見る。飛鳥と新益京地域のおよそ南北八キロ、東西五キロに及ぶ範囲には、古代国家成立期の重要遺跡が集中して埋もれている。これらは平面的につながっており、各時期の遺構がいく重にも重複する特色がある。全面これ遺跡といっても過言ではない。

飛鳥・藤原京の時代は、日本で初めて本格的政治都市が作り出されていく時代でもあった。都が飛鳥に集中して営まれるに及んで、飛鳥とその周辺には天皇の宮殿やその発願《ほつがん》になる官大寺のほか、皇族の宮々や豪族層の居宅と氏寺《うじでら》が次々と営まれ、都の景観を特徴づける重要な構成要素となっていく。また、官僚制が拡充するとともに官人層の居住区も形成され、飛鳥の都はやがて「京」と呼ばれる都市的景観を示すようになる。その過程で、飛鳥盆地は宮殿や官衙《かんが》、官大寺が設けられる中枢地、盆地周辺は貴族・役人層の居住区、西南方丘陵地の檜隈《ひのくま》や真弓《まゆみ》の地は天皇家の埋葬地など空間の使い分けも明確になってくる。

新益京の人口はおよそ三〜五万人。七世紀後半の飛鳥の京の人口もそれに近かったであろう。居住者の多くは役人とその家族で、役人の都市というべきものであった。僧や尼の占める割合が高い特色もあった。以下、都の景観と都市生活を垣間見ることにしよう。

飛鳥では盆地内の平坦地のみでなく、急な傾斜地や山間の狭い平坦地からも豪壮な建物や石敷・石組施設が発見されて驚かされることがある。飛鳥川の上流の稲淵川沿いの狭い平坦地に立地する史跡飛鳥稲淵宮殿跡《あすかいなぶちきゆうでんあと》はその代表的な例である。

同遺跡は、七世紀中頃に造営された正殿・後殿・脇殿をコ字形に整然と配置した大規模建物群と石敷とからなる宮殿、あるいは皇族の宮か有力豪族の邸宅と見るべき遺跡である。傾斜地に占地する大規模施設は上ノ井手《かみのいで》遺跡、奥山リウゲ遺跡、竹田《たけだ》遺跡、東山《ひがしやま》遺跡、平吉《ひきち》遺跡、香具山《かぐやま》東南方など飛鳥盆地縁辺の各所にある。たとえば、上ノ井手遺跡は、飛鳥盆地の東を限る丘陵の南傾斜地に立地し、七世紀後半の大規模な整地跡、大石で築いた暗渠《あんきよ》、井戸、溝、大きな柱穴に

図1　飛鳥稲淵宮殿遺跡の立地（奈良文化財研究所提供）

図2　飛鳥稲淵宮殿遺跡復原図

図3　上ノ井手遺跡の立地と石組暗渠
（奈良文化財研究所提供）

よる掘立柱《ほったてばしら》建物など大規模施設が確認された。奥山リウゲ遺跡や香具山東南麓の傾斜地でも七世紀後半の盛土整地跡や、宮殿建築に匹敵する大規模掘立柱建物などが発見されている。

飛鳥ではこうした例は決して特異なものではない。七世紀後半までには、飛鳥盆地内の土地利用は傾斜地や狭い谷間にまで及び、徹底したものになっていたのである。同時に、盆地外の周辺地域でも土地利用が顕著になってくる。飛鳥川左岸で甘樫丘《あまかしのおか》から西に続く丘陵の北側一帯では、たとえば古宮《ふるみや》遺跡（小墾田宮《おはりだのみや》推定地の一つ）、和田廃寺《わだはいじ》下層遺跡など各所で七世紀代の掘立柱建物群が発見されている。古宮遺跡では七世紀初頭〜前半の石組溝や石組小池と石組小溝・石敷からなる園池、立派な掘立柱建物など、宮殿か有力豪族の邸宅と見るべき遺構が発見された。七世紀初頭造営の和田廃寺の下層にも倉庫をともなう掘立柱建物群がある。

後に藤原宮が営まれる飛鳥盆地外の西北方地域の開発も七世紀後半に顕著になり、広域から掘立柱建物群、溝などが発見されている。これら遺構は四時期の変遷があり、最終の天武《てんむ》朝後半頃には条坊道路・街区をともなうようになる。こうした大規模施設や建物群は一体何なのか。

『日本書紀』などによると、飛鳥時代前半期の最大の権力者、蘇我《そが》本宗家は六世紀中頃から七世紀前半にかけて、邸宅を畝傍山《うねびやま》の東や軽《かる》、石川《いしかわ》、豊浦《とゆら》、甘樫丘の地、すなわち飛鳥盆地の西側で、甘樫丘から五条野に続く丘陵北側一帯の東西二キロほどの地域に集中的に構えていた。蘇我稲《いな》目《め》の家の「小墾田家」「向原家《むくはら》」は豊浦近傍にあり、「軽曲殿《かるのまがりどの》」は下《しも》ツ道《みち》と山田道《やまだみち》とが交叉する「軽」の地にあった。馬子《うまこ》の家「石川宅」は、軽の東の現在の橿原《かしはら》市石川町にあり、「槻曲家《つきくま》」は稲目の軽曲殿を継承したものであろう。そして、馬子は飛鳥寺や「嶋」宅を構えて飛鳥盆地内へと進出していく。「嶋」宅の所在地は明日香村島ノ庄に推定され、それは入鹿《いるか》へ伝承されたらしい。蝦夷《えみし》は「豊浦大臣」とも呼ばれ、豊浦に邸宅を構えた。古宮遺跡を蝦夷の邸宅跡とする説もある。「畝傍山東の家」には濠を掘り、また、甘樫丘に並べ構えた蝦夷の「上宮門」と入鹿の「谷宮門」には柵を構えるなど、大化のクーデターを予想してか防備を固めていたという。蘇我氏の同族である田中臣、小治田臣、桜井臣、山田臣の拠点も多く本宗家の本拠地と重なる地にあり、山田の地などにも展開していた。

軽の地には、舒明《じよめい》天皇の厩坂宮《うまやさかのみや》や七世紀後半造営の藤原氏の氏寺厩坂寺、七世紀前半造営の軽寺《かるでら》もある。「軽市《かるのいち》」も早くに設けられ、七世紀を通じて飛鳥の都人の結節点として、重要な位置を占め続けた。

藤原氏の本拠地は「大原《おおはら》」、すなわち現在の明日香村小原《おはら》の地にあった。一帯は多武峰《とうのみね》山麓の傾斜地で、丘陵と谷とが入り組む複雑な地形の場所である。藤原鎌足《かまたり》の「藤原第」、その長男定恵《じようえ》が病没した「大原第」、鎌足の娘で新田部《にいたべ》皇子の生母・五百重娘《いおえのいらつめ》の「大原」家、不比等《ふひと》の長男武智麻呂《むちまろ》誕生の「大原第」などの所在を伝える。東山遺跡や小原宮ノウシロ遺跡からは大規模な掘立柱建物や塀が発見されており、「大原第」との関連が推定される。大伴《おおとも》氏は香具山西北方で、耳成山《みみなしやま》の東方一帯の地を本拠とした。壬申《じんしん》の乱《らん》の記事に出てくる大伴吹負《ふけい》の「百済家」も香具山西北方に所在が推定できる。

天武天皇の皇子たちの宮の場所は『日本書紀』や『万葉集』などによっておよそ推定できる。皇太子草壁《くさかべ》皇子の「嶋宮《しまのみや》」は明日香村島ノ庄を中心に岡、橘を含む地に推定できる。島ノ庄では七世紀初頭の園池や掘立柱建物群、七世紀後半造営の大規模な掘立柱建物群などが発見されており、これらが蘇我馬子の「嶋宅」や草壁皇子の「嶋宮」に関連する可能性は極めて高い。忍壁《おさかべ》皇子の「雷山宮《いかづちやま》」は雷丘《いかづちのおか》の付近にあったと推定できる。雷丘の北方にある雷丘北方遺跡では、七世紀後半造営の正殿や長大な脇殿をコ字形に配置した「雷山宮」と見られる宮殿遺跡が発見されている。新田部皇子の宮は飛鳥盆地東縁の傾斜地で、明日香村東山で発見された竹田遺跡が「八釣宮《やつり》」である可能性が高い。

舎人《とねり》皇子や弓削《ゆげ》皇子の宮は細川谷《ほそかわだに》や稲淵の山間に位置した。大津《おおつ》皇子の「訳語田舎《おさだ》」は香具山東北方の磐余池《いわれいけ》の近くにあった。高市《たけち》皇子の「香来山宮」は香具山の西北麓に所在が推定でき、穂積《ほづみ》皇子の宮も「香来山宮」の北方の近いところに構えられたようである。

このように天武天皇の皇子たちの宮は飛鳥盆地内の平坦地のほか、稲淵や細川の狭隘な山間や八釣山山麓の傾斜地、さらに盆地外の香具山北方など、磐余や後の藤原宮周辺地域にも進出していたのである。

飛鳥周辺の寺院跡は三二ヵ所と多くを数える。大半は有力豪族が建てた氏寺で、その分布は先の豪族層の居宅や皇族たちの宮の分布と重なってくる。盆地縁辺の傾斜地や丘陵地に営まれた諸寺では、山田寺《やまだでら》のように山麓の傾斜地に大規模に土地造成を行って伽藍地を整える特徴が認められる。

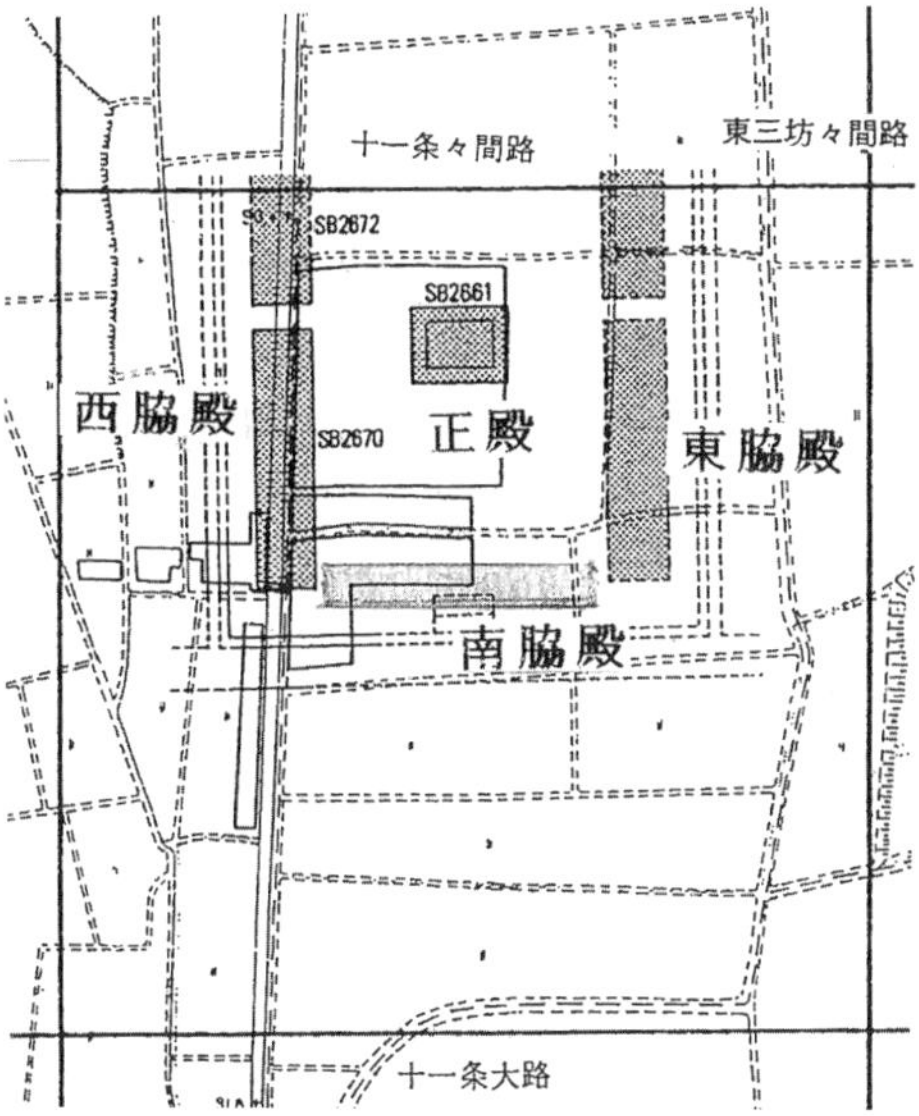

図４　雷丘北方遺跡の宅地

飛鳥の都の生活空間は飛鳥盆地内の平坦地で完結したのではなく、盆地縁辺の傾斜地や狭い山間の地にまで及び、さらに飛鳥川左岸の豊浦から軽の地域、そして香具山北方の百済の地など飛鳥の周辺に広く展開していたのである。天智《てんじ》天皇・天武天皇時代にかけて中央集権国家の政治体制が次第に整い、官僚制も整備が進み、官人層が増加する中、空間利用はいっそう広範囲に及び、かつ徹底したものとなっていったのである。

斉明《さいめい》天皇の時代、飛鳥の都づくりはかつてないほど本格化したこと、天武朝の「京」の範囲は、南は檜隈、西は下ツ道あたり、北は横大路《よこおおじ》あたり、東は安倍寺《あべでら》跡付近までの広域に及んでいたと見られることは第Ⅰ部第4・5章で述べた。それは先に見た皇族、豪族、官人層の居宅の分布域とも重なってくる。天武末年頃までには、後の新益京（藤原京）の主要地域までが「京内」とされ、特別行政区の中に取り込まれていたと見られるのである。新益京はこの天武朝の「京」の条坊を踏襲しつつ、それを拡大、整備して条坊制都城を成立させていったと考えることができる。「新益京」の呼称は、「飛鳥の都が拡大してできた京」ということを示していると思われ、「新益京」という呼び名には、飛鳥の地で育まれた伝統の上に成立した藤原京の都城制成立途上における歴史的位置がにじみ出ている、と思うのである。

二　道——都を走る幹道

壬申の年（六七二）、大海人《おおあま》皇子、すなわち後の天武天皇と、天智天皇の子である大友《おおとも》皇子を擁する近江朝側との間で、古代最大の内乱・壬申の乱が起こる。飛鳥を舞台に繰り広げられたその攻防の一シーンに飛鳥にあった道路の様子に関わる描写が見える（『日本書紀』天武元年紀）。「我詐《いつわ》りて高市皇子と称《なの》りて、数十騎を率て飛鳥寺の北の路より、出でて営に臨まん。乃ち汝内応せよ」とある記載からは、飛鳥寺の北に、飛鳥寺西の槻樹《つきのき》下に設けられた近江朝側の軍営に通ずる路の存在が推定できる。飛鳥寺北門はこの道に面して開いていたようである。また、「赤麻呂ら、古京に詣《いた》りて、道路の板を解ち取りて、楯に作りて、京の辺《ほとり》の衢《ちまた》に竪《た》てて守る。……果安《はたやす》、追ひて八口《やくち》に至りて、のぼりて京を視るに、衢毎に楯を竪つ。……」とある。大和盆地を南北に通ずる古代の幹道である上《かみ》ツ道、中《なか》ツ道、下ツ道の三道に分かれて南下してきた近江軍のうち、中ツ道を進んできた一軍の行動を記した部分である。八口は香具山の北裾あたりの古い地名であろう。香具山の頂上付近から南の飛鳥盆地を見下ろすと、飛鳥古京には、縦横に道路が通り、道には側溝があり、側溝にかかる板橋をはずして楯として立て並べていたというのである。ここに出てくる「古京」は「倭京」、すなわち斉明天皇時代以来の飛鳥の「京」のことであろう。壬申の乱の記事からは、この京に、ある程度系統だった道路網が整備されていた様子を知ることができるのである。

さて、大和盆地を南北に真っすぐ貫通する古代の幹道である上ツ道、中ツ道、下ツ道や、難波《なにわ》と大和とを結ぶ東西の幹道である横大路、そして上ツ道の延長にあたる山田道の建設はいつまで遡るのであろうか。

『日本書紀』推古二十年（六一二）の記事によると、欽明《きんめい》天皇妃で蘇我氏出自の堅塩媛《きたしひめ》を欽明天皇の檜隈大陵へ改葬するにあたり、「軽街《ちまた》」で誄《しのびごと》を奉ったと見える。また、『日本霊異記《にほんりょういき》』第一話にも、小子部《ちいさこべの》蜾蠃《すがる》が鳴雷を追って阿部、山田を経て、豊浦を通り「軽の諸越《もろこし》の街」に至ったとある。「軽街」とは、「下ツ道」と「山田道」との交叉点のことである。

現在、近鉄橿原神宮駅東口から丈六、石川、和田、豊浦を通り、雷丘の間を抜けて飛鳥盆地を横断し、さらに飛鳥資料館前から山田・阿部へと抜ける道がある。古代の「山田道」を伝えるものである。天武十年（六八一）紀には、百官人を「軽市」に集めて装束、鞍馬を検校《けんぎょう》し、高官は「樹下」に列坐し、中下級官人はその前を鞍馬に乗って大路を南から北へ行列したとある。「樹」は「軽市」を象徴する斎槻《いつき》のこと、南北に通る大路は下ツ道のことである。柿本人麻呂《かきのもとのひとまろ》が、「軽の里」に住む妻の死を悲しんで作った歌（『万葉集』二―二〇七）にも、「軽の路」が見え、「軽市」の賑わいぶりが歌われている。

下ツ道や山田道は、すでに推古朝に幹道として整えられており、軽市も早くから栄えていたと見てよい。軽市は物資の流通のためだけではなく、さまざまの行事にも使われ、多くの人びとが集う場所となっていた。軽の地は、七世紀初頭以降、七世紀を通じて飛鳥の都の重要な生活空間の結節点としての位置を保ち続けていたのである。下ツ道は、国道一六九号線として、昔日の姿を今日まで伝えているのは驚きである。

推古紀二十一年（六一三）条には、「難波より京に至る大道を置く」という記事が見える。ここに見える「大道」は「横大路」のことである。横大路もその後、「伊勢街道」として引き継がれ、今なお道路として機能し続けている。横大路の機能を引き継いだのが国道一六五号線である。また、推古紀に出てくる隋使や新羅《しらぎ》・任那《みまな》使が飛鳥の都に至るには、難波から大和川水系の小河川を遡り、三輪山山麓の海石榴市《つばいち》や現在の田原本町近くで上陸して歓迎を受けている。上陸地から上ツ道や下ツ道をたどって、飛鳥の都に至ったのである。推古朝には、上ツ道や下ツ道も整備されていたことを示唆するのである。上ツ道は安倍寺あたりまでは真っすぐに南下して、山間を抜ける山田道へつながって、飛鳥盆地北部を西へと横断しており、現在も村道として使われ続けている。

飛鳥の都に、規格的な方格地割の存在を推定する学説は早くからいくつかあった。岸俊男は、中ツ道は香具山を越えて南下して飛鳥寺の西に沿って通り、川原寺《かわらでら》の東、橘寺《たちばなでら》の東に至る直線道であったと推定して、これが飛鳥の方格地割の南北の基準になり、宮殿や主要寺院が規則的に配置されていたと説いた。また、岸は飛鳥時代からあった山田道は、新益京建設にともないその南限に位置づけられたとした。飛鳥の都の道を探ることは、都の構造や骨格を知る重要な鍵になるわけである。

都の道路はどのようなものであったのか。条坊制による計画都市が成立した新益京や平城京では、碁盤目状に東西・南北に通された規則的な街路が町づくりの骨格となった。たとえば新益京の街路は、下ツ道、中ツ道、横大路など飛鳥時代以来の幹線道路が重要な枠組として踏襲されたほか、朱雀大路《すざくおおじ》をはじめとする大路・小路が京内くまなく通された。路面幅は朱雀大路で一七・七メートル、大路で一四・二メートル、条間大路は七・一メートル、小路は五・三メートルなど規模にはいくつかの等級があった。道路の両側には、素掘りや石積みで護岸した側溝が備えられた。道路は交通路として政治・経済上に必要なだけでなく、街区を区分したり、雨水や生活雑排水の処理網を道路と一体で系統的に整えたりするところに大きな意義があった。路面は、一部に砂利などを敷いて舗装したり、平城京大路などでは柳の街路樹を植えたりすることもあった（『万葉集』一九—四一四二）。

　飛鳥の都づくりの基準とされてきた中ツ道については、飛鳥寺西北方の石神《いしがみ》遺跡で、その推定地を発掘する機会があった。その結果、七世紀後半頃の天武朝には、推定位置では南北道路は見つからず、推定地を横切る形で東西掘立柱塀があって、その北に大規模施設があることが確かめられた。中ツ道の存在をこれまでの推定のように考えるのは難しくなったのである。天武天皇頃の東西塀は、飛鳥寺北大垣の北九メートルの位置をこれと並行して走っており、この間が東西道路であった可能性がある。この東西道路が壬申の乱の記事に出てくる「飛鳥寺北路」にあたるのかも知れない。

　藤原宮へ遷った頃、石神遺跡では東西塀や大規模施設は取り払われ大改造が行われる。飛鳥寺の西に沿って南北道路が設けられ、この道路は飛鳥寺の西北で西に折れて五〇メートルほど延び、また北に直角に曲がって、真っすぐ北へ一二五メートル以上続くことが確かめられている。両側溝を設けるなど新益京の条坊道路と同構造であり、道路幅も、両側溝の中心間の距離で六・五～七・五メートルと新益京の小路級である。南北道路は当初、幅一六メートル余と新益京大路級の規模であったが、後に規模を縮小している。だが、これら道路位置は新益京の条坊計画の基準からずれた位置にある。

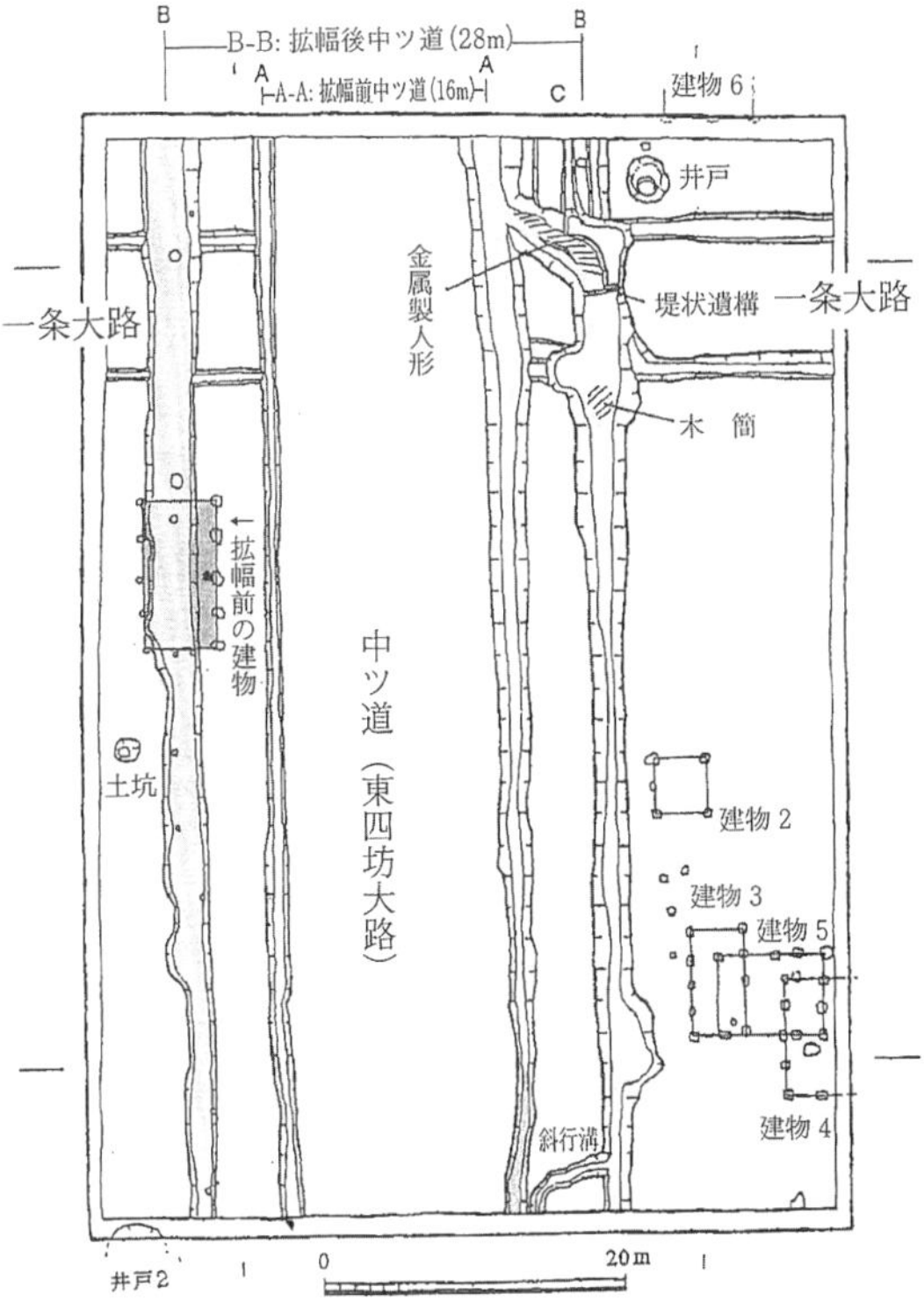

図5　中ツ道跡図

山田道については、明日香村奥山から雷に至る村道の拡幅工事にともなう発掘調査によって、全長約三五〇メートルにわたってその実態を確かめることができた。まず、七世紀初頭～後半では、道路推定地の北半部を横断するように掘立柱建物群が建っており、「道」を設けた形跡は確認できなかった。七世紀末に大きな変化があった。建物群は撤去され、発掘区の北端で、道路の北側溝と見られる幅二・五メートル、深さ〇・四メートルほどの東西溝が一七〇メートル以上にわたって延びることが判明した。側溝の南側は、山土や小砂利を含む土を互層に突き固めてやや高く盛り上げており、「路面」の仕様を明らかにすることができた。道路の西延長部はちょうど雷丘の南北二つの丘の間を切通して抜けて行く形になる。これこそ山田道の跡であろう。その幅員は一五メートルほどで、新益京の大路級の規模に復原できる。山田道が整備されたのは、石神遺跡周辺での道路の整備と同時期で、それは新益京の建設と深く関わっていたのだろう。

下ツ道や横大路についても、新益京期の道路は確認できているが、これまでのところ、それ以前に遡る道路遺構は未確認である。文献史料から存在が推定できる七世紀初頭からの幹道と、発掘で明らかになった山田道跡などとの年代的なずれをどう整理するか、残された疑問は少なくない。なお、その後、奈良国立文化財研究所（現・奈良文化財研究所）による石神遺跡北方の発掘によって、現在の村道の南に接する場所で、七世紀に遡る「山田道」の路面と側溝が発見されている。

川原寺と橘寺との間でも、両側溝を持つ七世紀後半〜末頃の東西道路が発見されている。路面幅は一一・二メートルを測る。東は飛鳥宮跡へと向かい、一方、西七〇〇メートル地点でもその西延長部が確認されている。この東西道路は、二キロほど西へと延びて下ツ道に結ばれていたと考えられ、山田道と平行する東西幹線道路と見ることができる。

奥山廃寺《おくやまはいじ》（奥山久米寺《くめでら》）塔跡の南約一一〇メートル地点でも、寺域の南を通ると推定される七世紀中頃から八世紀中頃かけて存続した幅六メートルほどの東西道路が見つかっている。

以上のような発掘成果からすると、飛鳥の都の道路建設には変遷があり、当初から一貫した計画があったとは考えにくい。計画的な方格地割があったとする説は成立しにくい。だが、下ツ道や上ツ道、山田道、横大路など飛鳥と難波などとを結ぶ直線的幹道が整備され、それらと結ぶ形で直線的支路が都に張り巡らされつつあったことは間違いない。

藤原宮跡下層や薬師寺下層などで見つかっている道路や街区は、天武天皇による新都建設計画、すなわち「新城」京に関係が深いと考えられる。新益京は、「倭京」を母胎にしてそれを拡充したこの天武天皇時代の「新城」京を基礎に、さらに大規模に、系統立てて、整然とした計画的街路・街区をもつ本格的な古代都市を成立させたものであった。

いわゆる藤原京十里四方説は、飛鳥の中心部までが京域に取り込まれ、山や丘陵地を除く京域の大半に、計画的な条坊道路が通され街区が造られたと主張する。しかし、飛鳥の中心部では、藤原宮の時代に、復原されているような位置に道路が新設された形跡は認められていない。また、新益京の四大官寺に列せられた飛鳥寺と川原寺も、新益京の都市計画に沿うように伽藍を改造した形跡は認められない。計画的都城と言われる「計画性」の内実は、改めて問い直されなければならないのである。

三　寺　院――官寺と氏寺の実像

飛鳥の都をきわだって特色づけるのは、仏寺が多数造営され、都の重要な構成要素となっていたことである。国家的宗教行事を行い朝廷が経済的支えをする大官大寺《だいかんだいじ》、川原寺、そして蘇我氏の氏寺として始まり、蘇我氏滅亡後に官大寺となった飛鳥寺、皇族や豪族が檀越《だんおつ》となった山田寺や豊浦寺、橘寺、奥山久米寺などの氏寺、渡来人の寺である檜隈寺や定林寺《じょうりんじ》、坂田寺《さかたでら》などなど寺院の内容や構成は極めて多様であった。

六世紀前半に仏教が百済から伝えられた当初、仏教は帰依した蘇我氏が邸宅内に仏像を安置して「寺」とするささやかな形で始まった。五八八年、大臣蘇我馬子はその本拠地に日本最初の本格的伽藍寺院、飛鳥寺の造営を始める。飛鳥寺は仏法元興の寺であるため、元興寺《がんごうじ》、法興寺、さらに法満寺とも呼ばれた。礎石《そせき》建ち、太い朱塗の柱、瓦葺きの大陸様式建築群の偉容は飛鳥時代の幕開けを告げる大記念物であり、新しい信仰・思想・文化の出発点でもあった。

飛鳥寺の伽藍配置は、塔を中心に北・東・西の三方に金堂を配置する高句麗《こうくり》式の「一塔三金《こん》堂《どう》」式であった。また、堂塔の屋根に葺かれた百済式の瓦は、百済派遣の工人たちの指導によって飛鳥寺の造営が進められたことを裏づけており、朝鮮半島諸国の信仰や文化・技術が入り混じって導入された飛鳥仏教文化の複雑さを物語っている。

推古二年（五九四）、天皇は聖徳太子《しょうとくたいし》と蘇我馬子に仏教を興隆するよう命ずる。これが契機となって、臣《おみ》、連《むらじ》たちは天皇と親の恩に報いるために競って寺を造営し始め、同三十二年（六二四）には四六ヵ寺を数えたという。天武九年（六八〇）紀に、「京内廿四寺」とあり、皇族や有力豪族が檀越となる氏寺の建立はいっせいに花開いた。

氏寺の代表の一つは、蘇我倉山田石川麻呂《そがのくらやまだのいしかわまろ》が発願して六四一年に造営が開始された山田寺である。その金堂は、肘木《ひじき》を放射状に出し、円垂木《まるたるき》を扇形に配する構造で、内壁は金箔を押した小塼《せん》仏《ぶつ》で全面を荘厳する。法隆寺《ほうりゅうじ》にある玉虫厨子《たまむしのずし》の建物やその内装とよく似た構造で、現法隆寺金堂よりも古い金堂建築や内装の特徴をうかがわせている。倒壊したまま見つかった東回廊は金堂の建設からわずかに遅れる七世紀中頃の建設で、法隆寺に先立つ、現在実物を目にすることができる世界最古の木造建築である。その建築は重厚で力強いなど法隆寺回廊建物との相違は大きく、これまでの飛鳥様式の理解の常識を超えている。飛鳥時代寺院建築は法隆寺のみでは語り得ず、複雑に展開していたことを示しているのである。

天皇発願の最初の寺は、舒明天皇が同十一年（六三九）に百済大宮《くだらのおおみや》と並べて建てたという百済《くだらの》大寺《おおでら》である。百済大寺では金堂と九重塔が建設されたという。百済大寺は後に天武天皇によって高市の地に移されて高市大寺《たけちのおおでら》となり、その後、大官大寺と寺名を改めている。律令国家への整備が進む天武天皇時代には官寺の制が定められ、大官大寺、川原寺、飛鳥寺が三大寺として、国家的仏教行事や僧尼の任命、仏教の取締りなどの役目を担うことになる。こうして仏教は官寺を中心に国家仏教としての性格を強めていく。飛鳥寺は仏法元興の由緒と大きな功績によって官大寺に列せられた。

新益京では薬師寺が加わり、大官大寺、薬師寺、元興寺、弘福《ぐふく》（川原）寺《じ》の四大寺となる。そして、左京に大官大寺、右京に薬師寺が対峙して新造され、その造営は、造大官大寺司や造薬師寺司など官の組織があたった。政治都市新益京では、宮殿とともに寺院が京の景観を盛り上げる重要な役割を担ったのである。従来からの飛鳥、川原両寺が官大寺として朝廷の尊崇を集めたのは、新益京が飛鳥で育まれた伝統を基盤にそれを継承、発展させていった背景があったからに相違ない。

平成九・十年（一九九七・九八）、香具山東北方の磐余の地で、金堂や九重塔など壮大な伽藍が見つかり、百済大寺跡と確認されて話題になった。金堂基壇は飛鳥諸寺のそれが間口二二メートル程度であるのに対して間口三六メートル、塔基壇は山田寺などの基壇が方一二メートル程度であるのに対して方三〇メートルと、飛鳥諸寺に比べて群を抜いた規模を誇っている。塔跡は文武天皇建立の大官大寺や東大寺塔に匹敵、あるいは凌駕する規模で、九重塔としてまさに相応しいものである。

六・七世紀の中国や朝鮮半島諸国では、北魏永寧寺《えいねいじ》、百済弥勒寺《みろくじ》、新羅皇龍寺《こうりゆうじ》など国家筆頭の大寺で九重木造巨塔の建立が盛んであった。国家寺院での九重塔の建立は、鎮護国家仏教思想に基づくものであって、百済大寺での九重塔建立も、こうした国際的に流行した鎮護仏教思想に基づくものであった。なお、天武天皇が造営した高市大寺については、香具山西北麓にある木之《きの》本廃寺《もとはいじ》をそれにあてる説が有力である。

文武《もんむ》天皇が九重塔・金堂を建て、丈六像を作ったという大官大寺は、新益京左京九・十条四坊に位置することが確認されている。金堂は正面九間（四六メートル）、側面四間（二一メートル）の大建築で、藤原宮大極殿《だいごくでん》に匹敵する当代随一の規模を誇る。塔は、初層一辺が一五メートルと巨大であり、伝えられるように九重塔であったと見られる。伽藍や各堂塔の規模は飛鳥諸寺をはるかに凌駕しており、天をつく九重塔の建造に象徴されるように、官寺の筆頭として大規模寺院を志向してきた、百済大寺以来の伝統がよく引き継がれている。

四　饗宴場——大槻の聖樹下で催された宴

飛鳥盆地の真ん中に営まれた飛鳥寺。その建設は飛鳥時代の暁鐘《ぎようしよう》を告げるものであった。飛鳥盆地の中央に最初に飛鳥寺が営まれたために、その後の宮殿や関連施設の立地は大きな影響を受けることになった。飛鳥寺の西一帯、つまり盆地の西を限る甘樫丘とその東裾を北流する飛鳥川までの間は、南北三〇〇㍍《メートル》余、東西幅一〇〇㍍《メートル》ほどの平坦地が広がる。『日本書紀』などによると、ここには「飛鳥寺西の槻樹」と呼ばれた神聖な槻の大木があった。

『日本書紀』は、「飛鳥寺西槻樹」「飛鳥寺西」「甘樫丘の東の川上《かわら》」などと場所を明示して、飛鳥寺西で行われた行事のことをたびたび記載している。七世紀中頃から、持統天皇が藤原宮に遷都した翌六九五年までの約五〇年間に一二度見える。『日本書紀』がこのように頻繁に取り上げているのは、この場所が朝廷にとって、たいへんに重要な役割を担った場所であったからに相違ない。初出は大化クーデターの前年の皇極三年（六四四）のことで、中大兄《なかのおおえ》皇子と中臣鎌足《なかとみのかまたり》との「飛鳥寺の槻樹下」での打鞠の出会いの逸話である。

大化のクーデターで蘇我氏を滅ぼした直後、孝徳《こうとく》天皇、皇極《こうぎょく》上皇、皇太子中大兄皇子は大槻の樹下に群臣を集めて、天神地祇の下に朝廷への忠誠を誓わせている。飛鳥寺西の槻の大木は神が降臨する聖樹で、その樹下や周辺で行われた国家の重要な誓約は、侵すことのできない神聖な誓約と見なされたのである。

続いて斉明天皇の時に三度、天武朝に五度、持統天皇時代に二度登場する。大半は蝦夷《えみし》など東北日本の人びと、多禰嶋《たねがしま》（種子島）人、隼人《はやと》など西南日本の人びとなど、当時朝廷の支配下に入った辺境の民を飛鳥寺の西で饗宴した記事である。たとえば、天武六年（六七七）二月条には「多禰嶋人等に飛鳥寺の西の槻の下に饗たまふ」とある。聖樹下で催す饗宴は政治的に重要な意義をもっていたのである。持統二年（六八八）には、蝦夷の男女二一三人が槻の下で饗宴されているから、一帯は相当に広い広場状施設であったのであろう。

斉明紀の饗宴記事には同三年（六五七）、五年（六五九）、六年（六六〇）の記事に須弥山《しゅみせん》造立のことが出てくる。たとえば五年三月十七日条には、「甘樫丘の東の川上に須弥山を造りて、陸奥《みちのく》と越《こし》との蝦夷に饗たまふ」とあり、六年五月条にも「石上池《いそのかみのいけ》の辺《ほとり》に須弥山を作る。高さ廟塔の如し。以て粛慎《みしはせ》四十七人に饗たまふ」と見える。

須弥山とは仏教でいう世界の中心に聳《そび》える聖なる高山のことであり、大槻の聖樹とともに、この場所を聖なる舞台に整える意義があったのであろう。これらの饗宴では、同時に種々の楽舞《うたまい》が奏でられ、天皇が冠位や下賜物を授ける行事も行われている。来朝した蝦夷、多禰嶋人、隼人などを対象とした饗宴は、服属儀礼の一コマであった。飛鳥寺西の槻樹下一帯は、天皇の代が替わり宮殿が遷っても、一貫して宮廷付属の儀式や饗宴を行う場として機能し続けたのである。

水落《みずおち》遺跡・石神遺跡を含む飛鳥寺西方一帯の発掘調査は、こうした服属・饗宴場の実像を蘇らせつつある。最も整った斉明朝を中心に瞥見しよう。

まず、飛鳥寺西門の西方を中心とする南北二〇〇㍍《メートル》ほどの範囲は建物のない石敷、礫敷で舗装した広い広場となる。槻の聖樹は、この広場の中でも飛鳥寺西門の西方近くにあったのであろう。

図6　飛鳥寺西方の石敷遺構

飛鳥寺西方の広場の北部は建物が建ち並ぶ一部となる。まず、日本最初の水時計施設が見つかった水落遺跡があり、その北は大垣で隔てて石神遺跡へと続く。石神遺跡は南北八〇メートル以上にわたって延びる長廊状建物によって東区と西区とに分けられる。東区は南端に東西・南北とも四〇メートル以上に及ぶ石敷・砂利敷の広場がある。その北端には石敷の洗い場を備えた立派な大井戸がある。宮廷儀礼などで使う霊水を汲む特殊な井戸であったのであろう。井戸の北には大きな建物が多数整然と建ち並び、周囲を石敷舗装する。「石の都」とも喩えられる飛鳥の宮殿の中枢部と共通する特徴がある。西区は南北一〇六メートル、東西七一メートルの範囲を長大な建物群で囲み、中に天皇が出御する

図7　須弥山石と石人像
（東京国立博物館所蔵、奈良文化財研究所提供）

正殿を含む巨大な建物群が整然と配置され、建物外の周囲は石敷などで舗装される。

須弥山石と石人像と呼ばれる特異な石造物は、明治三十五年（一九〇二）に石神遺跡で偶然掘り出された噴水石である。須弥山石には山岳形と波形の浮彫があり、斉明紀に見える須弥山像にあたるものと考えることができる。先の「石上池」も石神遺跡付近にあった可能性がある。

注目すべきは、石神遺跡から東北日本でつくった土師器《はじき》の食器が多量に出土したことである。蝦夷が饗宴に加わって、朝廷を支えた人びとと飲食をともにしている情景が目に浮かんでくる。石神遺跡は斉明紀に登場する宮廷の饗宴儀礼や服属儀礼を行う一郭であったのであろう。「時刻」を管理する漏刻台《ろうこくだい》と服属儀礼を行う施設とを同じ場所に造る。そこには、唐皇帝の政治思想にならって、「時空」の支配者たらんとした中大兄皇子を中心とする当時の朝廷における政治改革の理念が象徴的に示されていると見ることができるのである。

五　飛鳥の都に鳴り響く時報の音

『日本書紀』の斉明六年（六六〇）五月の記事に、「皇太子（中大兄皇子）、初めて漏刻（水時計）を造り、民をして時を知らしむ」とある。昭和五十六年（一九八一）、この漏刻台の遺跡が水落遺跡で発見された。発掘では特異で堅固な基礎工法による楼状建物と、建物と一体で設けられた水時計装置や導水施設が掘り出された。

鐘を撞いて、官人の朝参、退朝の時刻を報せようとする試みは、すでに七世紀前半の舒明天皇の時に始まっている。孝徳天皇の大化三年（六四七）の記事には、官人の出退の刻限が難波にあった小郡宮《おごおりのみや》の中庭に設置した鐘台の鐘で報された記事が見える。計時装置がどのようなものであったのかは不明だが、日時計が使われたのであろうか。

天智十年（六七一）四月の近江大津宮《おおつのみや》での漏刻製作の記事には、漏刻によって時刻を計り、鐘と鼓とを用いて報時したとある。だが、斉明六年の記事では、「民をして時を知らしむ」と記すだけで、報時の道具や方法については何も語ってくれない。

八世紀以降の律令制社会での時刻制と報時方法を見ておこう。大宝令では、時刻のことは、宮城内にある中務省《なかつかさしょう》下の陰陽寮《おんみようりょう》が担当し、陰陽寮には漏刻博士二名がいて漏刻を管理、運用し、守辰丁《しゅしんてい》を使って、鐘と鼓を併用して報時することが規定されている。その時刻制は一日を十二時に分け、一時を四刻、さらに一刻を十分する定時法で、「時」は十二支で呼称された。すなわち、「一時」は今の二時間、「一刻」は三〇分である。

平安時代にまとめられた『延喜式《えんぎしき》』には、鐘・鼓を使った報時方法の規定が見える。「時」は鼓を使用し、子と午（午前・午後の十一時）は九打、以下、毎時一打ずつ減って、巳と亥（午前・午後の九時）は四打を撃つ。その撃ち方は、毎打同じ強さで撃つ規定であった。「刻」は鐘を一刻から四刻までの刻数を撞く決まりであった。天智十年紀に見える鐘・鼓を併用する報時法は、こうした律令制下での厳密な時刻制の基になったのであって、その運用には、昼夜にわたって正確な計時が可能な漏刻の製作が必須であった。斉明六年建造の漏刻台（水落遺跡）でも、近江大津宮と同様、堅牢で楼状の高い建物の上階に大鐘と鼓とが備えられていた可能性が高い。

律令制下では定時を報ずる時刻制とともに、もう一つ重要な時刻制があった。都の宮城諸門や京城門の開閉時刻に関する規定である。大宝令によると、第一開門鼓（暁鼓）が鳴り始めると京正門の羅城門《らじょうもん》を開き、撃ち終わると朱雀門以下の宮城「諸門」を開く。第二開門鼓を撃ち終わ

図8　水落遺跡の漏刻台内部の復原

ると大極殿門や朝堂院《ちょうどういん》南門などの「大門」が開かれる。閉門は、退朝鼓が鳴り終わると「大門」を閉じ、閉門鼓を撃ち終わると「諸門」や「羅城門」を閉じる。

『延喜式』陰陽寮条には、開閉鼓を撃つ刻限が、日出・日入の時刻とともに二十四節気の季節の変化に応じて、細かく規定されている。たとえば、夏至の頃は、午前四時三十分頃に諸門を開ける鼓、五時三十分頃に大門を開ける鼓、九時三十分頃に退朝鼓、午後六時三十分頃に閉門鼓を撃つ決まりであった。すなわち日出前に第一開門鼓を撃って、日出後に「大門」を開き、正午前に退朝鼓を撃ってこれを閉じ、日入後閉門鼓（夜鼓）を撃って宮城諸門や羅城門を閉じた。実際の時刻制の運用は不定時法的時制であったのである。諸門の開閉鼓は、陰陽寮が漏刻鼓を撃って報せ、その撃ち方は十二連打を「細声より大声に至る」よう二回くり返し撃つ規定であった。つまり、「諸門開閉鼓」は、定時を報せる鼓の音とは区別できたのである。

中央官人は第二開門鼓が鳴る前に登朝し、退朝鼓を合図に退朝する決まりであって、この時刻制・報時制は大勢の官人の勤務を合理的に管理するためのものでもあった。また、夜鼓の音が絶えて以降、暁鼓が鳴るまでの間、京内の外出が禁ぜられていたし、都市生活の必需品をまかなう東市・西市は午時（十一時）に開き、日入前に閉じる規定であった。この時刻制は京内都民の日常生活をも大きく規制したのである。陰陽寮の鐘鼓は高さ二《メートル》ほどもある大きなもので、その音響は宮城から四《キロ》も離れた羅城門までとどろいたらしい。

水落遺跡は、律令制下の陰陽寮に相当する役所の施設でもあった。七世紀中頃、官人層が増加し、官人制の整備が進んでくる。彼らの居住区は飛鳥盆地を外れた後の藤原宮や京域を含む広域に広がっていく。斉明五年（六五九）紀には、飛鳥に「京」の存在を示す記事も見える。中大兄皇子による漏刻建設は、斉明朝における飛鳥での画期的な都づくり、また、都市的生活空間としての京の成立、広域への官人層の集住とその管理の進展とも深い関わりがあったと考えられるのである。

漏刻の製作・運用は、大陸直輸入の最新・最高の科学技術は無論のこと、政治制度の改革が結集されて初めて可能となる。飛鳥の都に時を告げる鐘・鼓の音が鳴り響いた時、人びとは大きな驚きをもってこれに耳を傾けたに相違ない。

六　上下水道――はりめぐらされた水道網

飛鳥の都や新益京の人口は三～五万人であろう。これだけ大勢の人びとが集住するのは初めての経験であった。飲料水などの生活用水をどう確保し宮都の中に給水するのかは都づくりの根幹を左右する問題となった。そして、生活雑排水や糞尿・ごみの処理、疫病の流行など、人口が集中することで起こる困難な問題にも初めて直面することとなった。

飛鳥の宮都でも飲料水などは、多くの場合、掘り井戸によって確保された。だが、著しい特色は、地下に木樋《もくひ》や土管、石組暗渠《あんきょ》による導水管を縦横に張り巡らして、きめ細かく給水網を整えていたことである。たとえば、水落遺跡・石神遺跡では、総延長二四〇《メートル》を超える三組の木樋暗渠と銅管を含む地下水路網・揚水施設が見つかっている。これらは漏刻装置や、石神遺跡での饗宴、噴水施設、園池などで使う水を給水する目的で整備されたものであった。水落遺跡で発見された木樋は長さ約七《メートル》の高野槇《こうやまき》材を使い、幅・深さとも二五《センチ》ほどで断面U字形の溝を刳り抜き、厚さ一〇《センチ》の板で蓋をしたもので、これを次々と連結したものであった。直角に曲がる部分では上流側の木樋を下流側の木樋の側面に挿入してつないでいる。水は目的の場所に桝を設けて、水流を塞き止めて汲み上げる仕掛けになっていた。
注目したいのは、桝で木樋内の水流を塞き止め、上流に溜まった水を、木樋の蓋板から木樋内に挿入した銅管によって地上に揚水する「逆サイホン」の技法が採用されていたことである。飛鳥の都には、江戸の町の上水道に見られるのと同様の技法が採用されていたのである。

図9　石神遺跡発見の石組水路（奈良文化財研究所提供）

水落遺跡では、内径〇・九センチ、長さ八〇センチのユニット銅管を二〇メートル以上にわたって溶接した地下通水管も発見されている。漏刻台建物からその北にある特殊な水カラクリへ導水するためのものであろう。

こうした木樋や土管を使った地下導水管とともに、石組溝に蓋をして地中に埋め込んだ石組暗渠も、大規模なものが石神遺跡、川原寺下層遺跡、飛鳥寺南方《あすかでらなんぽう》遺跡、上ノ井手遺跡、香具山南方遺跡など飛鳥の各所で発見されている。石組暗渠内を流れる水は、途中にマンホールを設けて汲み上げられた。暗渠への給水は、幅・深さともに一《メートル》以上で長く延びる石組の基幹水路が使用された。こうした基幹用水路と地下暗渠を縦横に張り巡らす水道網の整備は飛鳥の宮都に見られる大きな特色の一つである。それは斉明朝にとくに顕著に認められる。こうした石組暗渠の盛行は、水利用の新技術の展開とともに、飛鳥の都づくりの本格化の一環でもあった。

【初出】「テクノポリス飛鳥—よみがえるライフライン—」(『歴史と旅』第二七巻第九号、秋田書店、二〇〇〇年)を改題。

第4章　藤原宮と新益京

――律令国家誕生の舞台――

一　飛鳥の宮から藤原宮へ

持統《じとう》八年（六九四）十二月、持統天皇は飛鳥浄御原宮《あすかきよみがはらのみや》から藤原宮《ふじわらのみや》へと宮を遷す。その後、藤原宮は文武《もんむ》・元明《げんめい》の二代の天皇に引き継がれたが、和銅三年（七一〇）三月、元明天皇は平城《へいじょう》宮《きゅう》へと遷宮する。藤原の宮都は、わずか一六年足らずの都であったためか、日本史上、極めて重要であったにもかかわらず、飛鳥の宮や平城宮ほどは知られていない。

六世紀末から八世紀初頭にかけての飛鳥・藤原京の時代は、わが国が律令《りつりょう》制的な本格的な古代国家を作り上げていった時代であった。『日本書紀』の編者は、大化二年（六四六）に発布した「薄葬令《はくそうれい》」の中で、中国の知識を使いながら、「国家を成立させるためには、死者を厚く葬る古墳は捨て去るべき文明以前の旧い愚俗である」と、飛鳥・藤原宮の時代は古墳を造る時代から決別して、社会・文化を飛躍させ、文明開化させていく時代であると位置づけている。こうして大化のクーデター後、天皇による直接的な統治が人民の末端まで行き届く律令国家につながる政治改革が推し進められ、新しい国家体制の樹立へ向けて確かな歩みをたどり始める。

天武元年（六七二）、古代最大の内乱・壬申《じんしん》の乱《らん》に勝利した天武《てんむ》天皇は、律令国家の体制づくりを強力に推進する。天武天皇は律令制確立の第一歩となる飛鳥浄御原令の編纂に着手し、八色《やくさ》の姓《かばね》や官位四十八階制の制定など氏族や官僚を統率する新しい身分制度を整備する。京制や畿内制、国評制などの地方行政組織を整える。鎮護国家仏教政策を推進して、官寺制を制定する。皇位継承の祭儀「大嘗祭《だいじょうさい》」や、災厄を退ける国家的行事「大祓《おおはらえ》」、天皇家の祖先を祭る伊勢神宮の式年遷宮や斎宮制など諸改革を次々と断行する。諸外国に対しては従来の「倭国」から「日本国」と名のるようになり、「天皇」という君主号を使い始める。『古事記』や『日本書紀』の編纂作業も始まる。そして飛鳥の西北方、後の藤原宮地を中心とした「新城」の地を含めて、京（倭京《やまとのみやこ》）の整備を推し進める。

天武朝の諸改革をさらに大きく整え、展開、確立させたのが藤原京の時代であった。大宝元年（七〇一）、行政法と刑罰法とを備えた最初の体系的法典・大宝律令《たいほうりつりょう》が完成する。大宝令は唐令をもとに飛鳥浄御原令をさらに整備して完成させたものであった。大宝令によって中央の行政組織は神祇官・太政官の二官と八省制となり、地方行政組織は国—郡—里制となる。官人の官位制度や戸籍制度、班田制、租庸調《そようちょう》の税制などが整備される。戸籍制度・租税制度の整備に関わって、やがて条里制という耕地整理が行われる。「大宝」の元号も始まる。富本銭《ふほんせん》など鋳貨が発行され流通し始める。技術や医療、衣服・食文化など生活習慣の変革も著しい。大宝元年という年は律令法典を作り上げ、天皇を頂点とする中央集権国家が確立へと向う画期的な年であった。

その政治を実現するための中枢舞台として建設されたのが、藤原宮と新益京《あらましのみやこ》であった。『日本書紀』は藤原京のことを「新益京」と記載している。大宝元年には、三十余年ぶりに遣唐使の派遣が決定され、翌年、当代一流の知識人粟田真人《あわたのまひと》を執節使とする使節団が派遣される。唐朝へ「日本国」への国号の改名を正式に伝えるための派遣でもあった。

統一国家を作り上げていく大きな契機や推進力が、六世紀以来の朝鮮半島諸国や隋・唐との豊かな交流や渡来人の重用にあったことは言うまでもない。さまざまの重層的な交流によって先進の政治・宗教・文化・技術を摂取しながらも、伝統的なものと融合を図りつつ、東アジア文化圏の中で独自の相貌をもつ統一国家を作り上げ、文化を昇華させていった。この時代に形づくられたことがらの多くは今に引き継がれ、私たちの大きな源流となっている。

二　わが国最初の本格的宮殿・藤原宮と初めての都城・新益京

天武天皇がめざす律令制的な統一国家の統治の拠点としては、飛鳥の地は手狭で、飛鳥浄御原宮の規模や構造は新しい政治を執行するには大きな欠陥があった。天武天皇は早くも天武五年（六七六）に新城への遷都を計画するも実現に至らず、天武十一年（六八二）にも新城での都づくりが計画にのぼる。そして天武十三年（六八四）三月、「畿内」に派遣された広瀬王《ひろせおう》や陰陽師《おんみようじ》・工匠らの視点の結果に基づいて、「京内」に新宮の建設地が決定される。この新宮こそ藤原宮であった。天武天皇は宮地決定直後から病気がちとなり、朱鳥元年（六八六）九月、飛鳥浄御原宮で崩御《ほうぎよ》してしまう。天武天皇は持統二年（六八八）に大内陵《おおうちのみささぎ》に埋葬される。その翌年の持統三年（六八九）には、皇太子草壁《くさかべ》皇子も没して、新都の建設は頓挫《とんざ》してしまう。

藤原宮と新益京の建設が本格化するのは、持統天皇即位の年の持統四年（六九〇年）十二月の太政大臣高市《たけち》皇子の宮地視察からである。その後、持統五年（六九一）十月の新益京鎮祭、宅地班給、持統六年（六九二）の宮地鎮祭、伊勢神宮への新都建設の報告と奉幣《ほうへい》、持統七年（六九三）の墓霊への祭祀と続き、持統八年（六九四）十二月、京鎮祭から三年を経て、遷都が実現する。ここに古代中国の宮都の制度に学んだ日本最初の本格的な宮殿・藤原宮と条坊制《じようぼうせい》都城・新益京とが誕生する。藤原宮と新益京の建設は、天武天皇の政治改革路線によるものであって、持統天皇にとっては、持統三年に完成させた飛鳥浄御原令とともに、亡夫天武天皇の遺志を実現するものであった。その意味では藤原新都は「天武・持統天皇の理想の都」と言うことができる。

藤原宮と新益京は、持統・文武・元明の三代の天皇に引き継がれたことも飛鳥の宮とは異なる

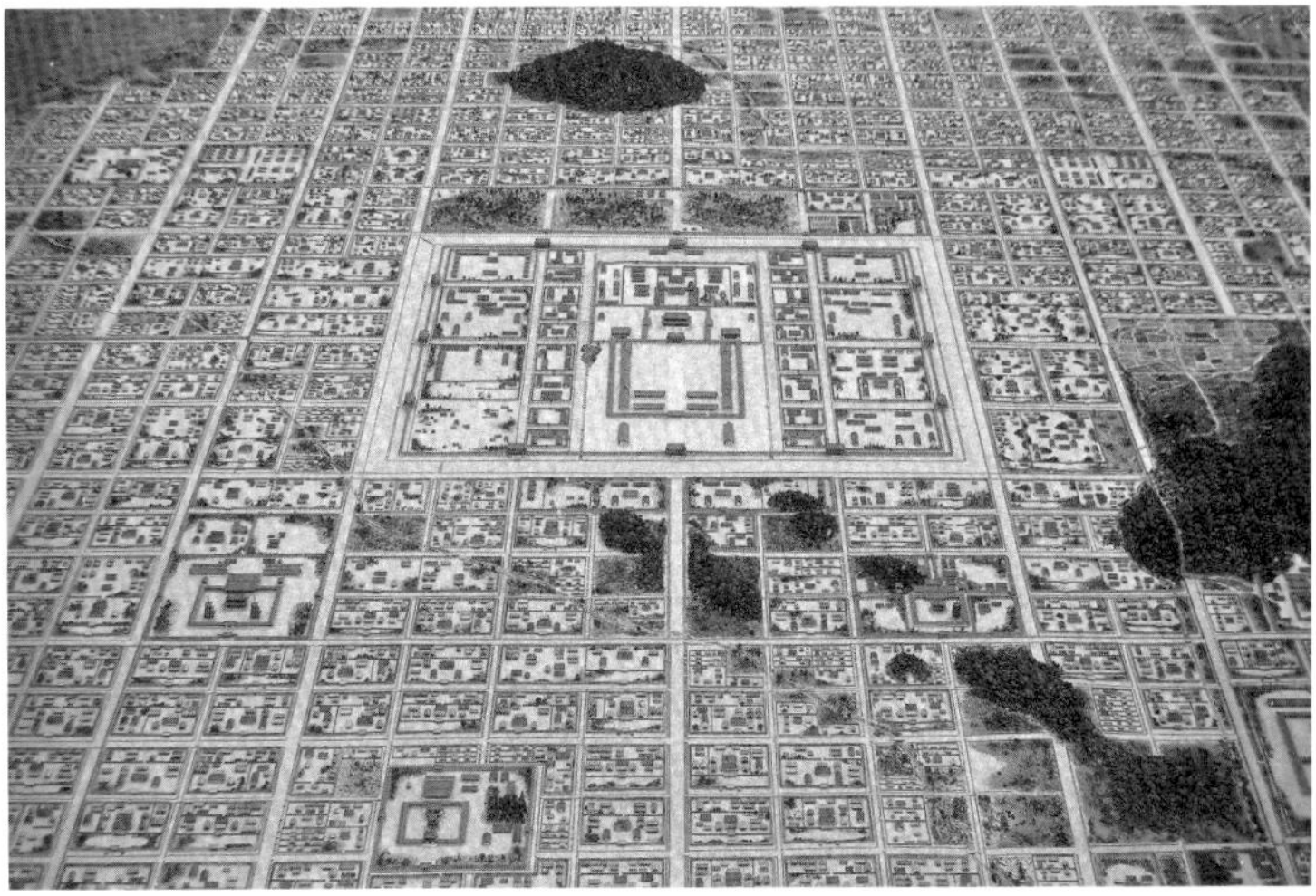

図1　新益京復原模型

大きな特色である。だが、律令国家の宮都としては欠陥や限界があったためか、一六年足らずの短命で終焉することになる。藤原宮の建物などは解体され、柱や屋根瓦は平城宮へ建築材などとして運ばれる。宮跡や京跡は、奈良時代に入って施行された耕地整理、すなわち条里水田区画によってかき消されてしまう。

藤原宮跡が香具山《かぐやま》西北方の水田地帯にあることが確認されたのは、昭和九年（一九三四）から昭和十八年（一九四三）まで行われた日本古文化研究所による発掘調査であった。その後、昭和四十一年（一九六六）から昭和四十四年（一九六九）にかけて行われた奈良県教育委員会の発掘調査によって、藤原宮が約一キロ四方の広大な範囲を占めることが判明した。昭和四十四年からは奈良国立文化財研究所（現奈良文化財研究究

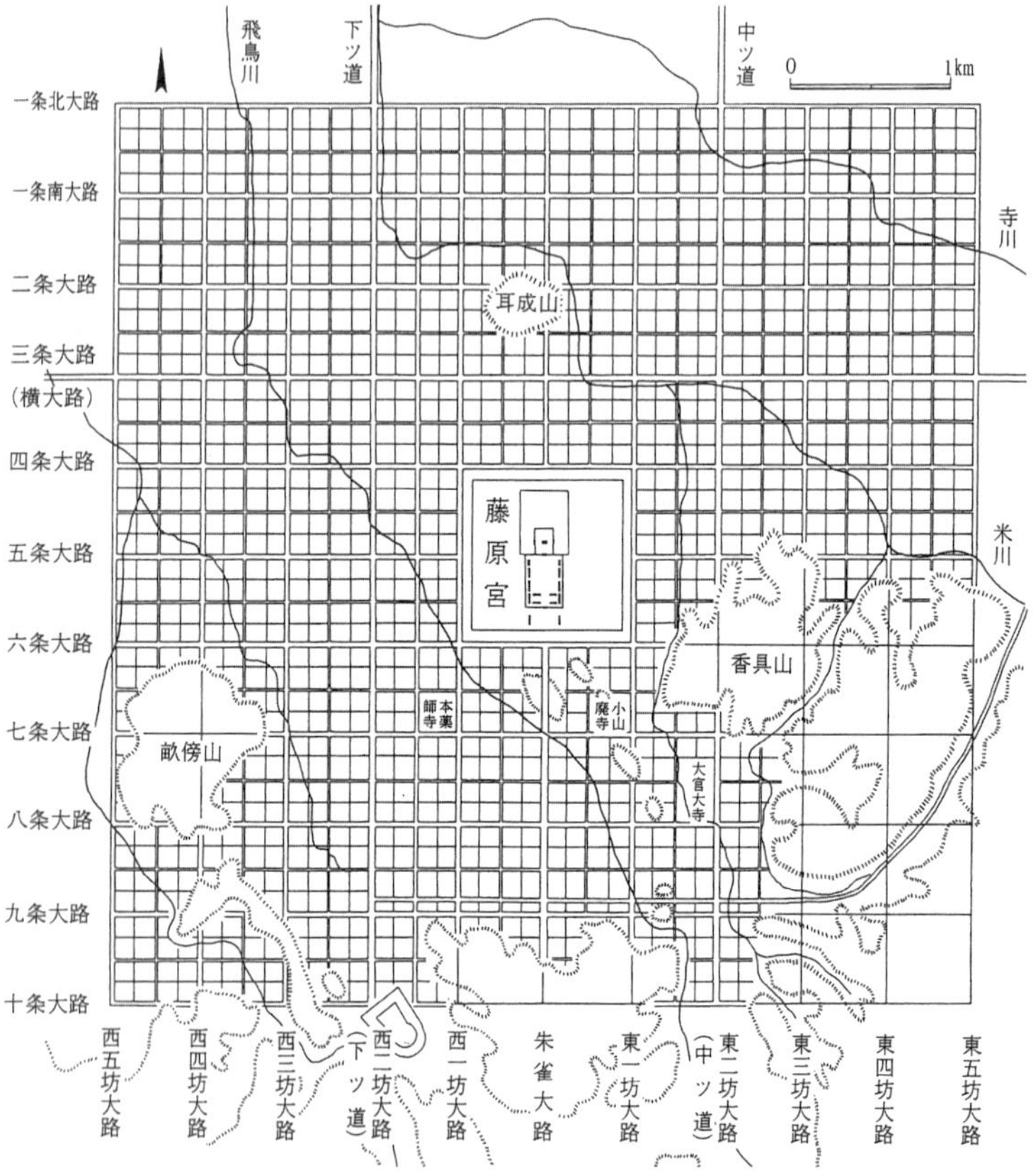
飛鳥川
下ツ道
中ツ道
0
1km
一条北大路
一条南大路
二条大路
三条大路
（横大路）
四条大路
五条大路
六条大路
七条大路
八条大路
九条大路
十条大路
寺川
米川
耳成山
藤原宮
香具山
本薬師寺
小山廃寺
大官大寺
畝傍山
西五坊大路
西四坊大路
西三坊大路
（下ッ道）
西二坊大路
西一坊大路
朱雀大路
東一坊大路
（中ッ道）
東二坊大路
東三坊大路
東四坊大路
東五坊大路

図２　新益京復原図

図3　復原された大極殿

所）による継続的な発掘調査が始まり、今日に及んでいる。

発掘成果は多大で、宮の規模や内裏の建物、大極殿院《だいごくでんいん》や朝堂院《ちょうどういん》の建物群の配置や構造、中枢部の東西に建てられた官《かん》衙《が》の配置や建物構造、排水路、新益京の規模や構造、京内の住宅や井戸・便所、排水体系や水運網などなど解明が進んでいる（第2章図4参照）。約三万点に及ぶ出土木簡は、文献史料からはうかがい知れない政治や都市生活の詳細を蘇らせている。

藤原宮は新益京の中央にあり、約一キロ四方の範囲を占めた。中央に、南から北へ政務を執る朝堂院・大極殿院、天皇が住む内裏《だいり》が並び、これらの東西に行政実務を執る役所群が配置されるなど諸施設を集約した機能的な巨大宮殿が初めて誕生した。

また、宮殿では初めて礎石《そせき》建ち瓦葺きの大陸様式の建築が採用された。大陸様式の建物は天皇の公的政治の施設である大極殿・朝堂、大垣、宮城門などに限られ、内裏や役所では掘立柱式、檜皮《ひわだ》葺き屋根など伝統様式による建築が用いられた。諸施設の配置や礎石建物と掘立柱建物との使い分けは、後の平城宮や長岡宮《ながおかきゅう》、そして平安宮《へいあん》へと引き継がれた。

図4　藤原宮瓦葺の復原
（奈良文化財研究所提供）

図5　藤原宮の官衙建物跡
（奈良文化財研究所提供）

藤原宮は飛鳥の宮殿から面積・構造ともに大きな飛躍を画した宮殿であった。役所域も面積約六〇《ヘクタル》と広大な範囲を占めるようになる。役所の建物は、当初は長大な建物で構成されるなど建物間の格差が目立たず、官司・役人組織が未成熟であったこととの関連をうかがわせている。藤原宮時代の途中で、個々の役所の区画のあり方や建物配置などに改造が加えられ、主殿と脇殿・付属建物などの構造に格差がつけられるようになる。大宝律令の施行による行政機構の変革や官僚制度の改変にともなう改造であろう。

新益京は広狭の街路によって碁盤目状に区画された整然とした街区からなり、貴族や役人が住み、寺院があり、公営市場が設けられた。このように、碁盤目状に道路を設けて、それに沿って街区などを配置する古代都市は、「条坊制」都城と呼ばれる。新益京で初めて採用された条坊制都城は、言うまでもなく、北魏や隋・唐の都市計画の知識や技術を受容したものである。碁盤目状に配された街路には、その路面の両端に側溝が設けられた。唐の都、長安城でも道路の両側に側溝が掘削されており、新益京に道路側溝を設ける考え方も古代中国の条坊制都城に倣ったものである。道路側溝は、雨水や宅地内からの生活雑排水を受け、最終的には米川などの自然の河川へと排水された。すなわち、新益京ではその全体にくまなく道路を通し、側溝を設けることによって、排水網が計画的に配置されたのである。新益京の構造やその設置の意義は、こうした排水網をどう整えたのかという観点も含めて研究されなければならない。

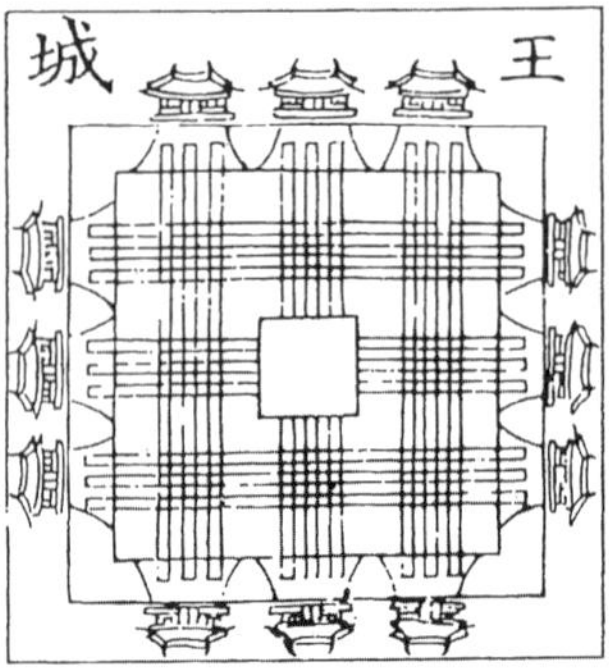

図6 『周礼』考工記、記載の都城図

平成九年（一九九七）、新益京は南北十条、東西十坊すなわち十里（約五・三キロ）四方で、京の中央に藤原宮を配置した『周礼《しゅらい》』考工記が記す古代中国の理想の「周礼型都城」を具現したものとする説が提唱された。この説は有力な学説として定説化した感がある。この説によると、新益京は、東西・南北に通した大路・小路によって「坊」と「町」の街区に区分され、一坊の大きさは平城京と同じく約五三〇メートル四方（一里＝一五〇〇大尺）で、「坊」は一六の「町」からなると復原されている。

十里四方の周礼型都城説は魅力的な説である。新益京はかつて東西を中《なか》ツ道《みち》と下《しも》ツ道、南北を山田道《やまだみち》と横大路《よこおおじ》の幹線道路で囲まれた南北約三・一キロ、東西約二・一キロの縦長の京域と復原されてきた。京域はこれを大きく超える広域に及んでいたことは間違いない。

ただ、十里四方の周礼型都城説には問題点が少なくない。この説では都城の外見的な形態論やその系譜論に重点が置かれ、前身の倭京との関わりなど、新益京はどのように形成されてきたのかといった形成論的な観点からの検討が軽視されているように思う。都城の内実に関する検討も不十分である。京域の復原にも問題が少なくない。十里四方説では、畝傍山《うねびやま》・耳成山《みみなしやま》・香具山や丘陵地など街路・街区を設けるのが困難な部分も多く含まれている。十里四方内に入る飛鳥中枢部では、新益京の条坊計画に沿って街区が改造された形跡はなく、新益京四大寺に含められる川《かわ》原寺《らでら》が「京外」となってしまう問題もある。

さて、『日本書紀』斉明五年（六五九）の記事には、飛鳥に「京」が存在したことを示す記載がある。斉明朝には、官司制や官人制の整備が進み、飛鳥とその周辺に官人層が集住するようになってくる。初めて漏刻が造られ、官人層は明確な時刻制を基に統率されるようにもなる。斉明朝には、飛鳥の地でかつてないほど大規模な土木建設工事が盛んに行われた。かつてないほどの規模で都づくりが行われたのである。「京」はこうした動向に関わって定められたのであろう。

壬申の乱の記事には「倭京」「古京」の語が登場し、天武五年（六七六）以降、「京」「京師《けいし》」の語が頻出してくる。京を管轄する役所である「京職《きょうしき》」の長官の死亡記事も見える。同九年（六八〇）の記事には、「京内廿四寺」とあり、京の範囲は寺院の分布から、北は耳成山、南は坂田《さかた》・檜隈《ひのくま》、東西は上《かみ》ツ道と下ツ道のあたりまで及んでいた可能性がある。南北幹線道路の下ツ道と、東西幹線道路の山田道とが交差する軽街《かるのちまた》には「軽市」があり、「軽市」は飛鳥時代を通じて、飛鳥の経済活動などを支える重要な拠点であり続けた。

天武十三年（六八四）の藤原宮地決定の記事によれば、「京内を巡行して宮地を定めた」とあり、その宮地は天武朝の京内にあったことになる。

注目されるのは、藤原宮西方官衙域の下層や本薬師寺《もとやくしじ》中門下層などの広域で、藤原宮期に先立つ道路遺構が発見されていることである。道路跡は、新益京の条坊道路と位置・規格などの基本計画が一致している。道路に沿って宅地を区画する掘立柱《ほったてばしら》塀を設け、区画の内部では掘立柱建物群や井戸が発見されている。これら街路・街区は斉明朝以来の「京」や「倭京」にともなうもので、飛鳥宮時代の官人層の居宅地などであったろう。新益京はこの前身の条坊計画を踏襲しつつ、それをさらに大規模に、かつ整備した内容で整え、作り上げたものと見ることができる。七世紀初頭以来の下ツ道・中ツ道・横大路・山田道などの幹線道路は、新益京の道路網の重要な骨格として踏襲されたのであった。

平城京は、いわば農村地に新しく建設された都城であったのに対して、新益京は飛鳥の宮都とその周辺として長い歴史を積み重ねてきた場所に建設された都城であった。こうした形成背景の違いを重視しなければならない。

条坊街区の呼び方は、平城京のように○条○坊○坪と地番で表示するのではなく、「林坊《はやしまち》」「小治町」「軽坊」「浦坊」のように飛鳥時代以来のその地の地名を冠して呼ばれている。京や条坊街区の呼び方には、新益京が飛鳥で育まれた歴史・伝統の上に造都された古代都城完成途上における歴史的位置がにじみ出ているのと考えるのである。

新益京では、左京に国家筆頭官寺の大官大寺《だいかんだいじ》、右京に国家第二位の官寺の薬師寺が相対するように建設され、政治都市の重要な構成要素として京の景観を盛り上げるようになる。大官大寺は舒明天皇が十一年（六三九）に創建した百済大寺《くだらのおおでら》がその起源であった。百済大寺（吉備池廃寺《きびいけはいじ》）では、北魏永寧寺《えいねいじ》や新羅皇龍寺《こうりゅうじ》など東アジアの国寺にならって、鎮護国家仏教を象徴する木造九重の巨塔が建立された。

天武二年（六七三）、百済大寺は高市の地に移されて高市大寺《たけちのおおでら》となり、同六年（六七七）に大官大寺と改名されている。さらに文武朝には造寺司が組織され、九重塔や金堂が新建され、金堂本尊として丈六像が造られている。発掘調査によって、文武朝大官大寺の伽藍や堂塔は飛鳥諸寺をはるかに凌駕する国家筆頭官寺にふさわしい壮大なものであったことが明らかになった。その伽藍・堂塔は飛鳥様式の伝統をとどめる一方で、間口九間の横長の金堂やその南の広大な前庭、均整唐草文軒平瓦の使用など平城京諸大寺で一般的になる特徴も現れている。大官大寺は平城京遷都にともなって左京の地に移される。大安寺《だいあんじ》である。平城京遷都直後、文武朝大官大寺は大火災によって伽藍の大半を失っており、平城京には維持されていた天武朝大官大寺の資財が移されたらしい。

薬師寺は、天武天皇が持統皇后の病気平癒を願って、天武九年（六八〇）に発願した寺院である。大官大寺と同様に造寺司によって建立が進められ、文武二年（六九八）にほぼ完工したという。薬師寺では、金堂前の回廊で囲まれた中の東西に三重塔を配置する双塔式伽藍が初めて建立された。大官大寺と薬師寺の両官寺の位置関係は、平城京二大官寺である大安寺と薬師寺との位置関係に引き継がれていく。

【初出】「藤原宮と新益京—律令国家誕生の舞台—」（奈良国立博物館編『白鳳—花ひらく仏教美術—』二〇一五年）。同特別展に関連して、同タイトルで講演を行っている。

第5章 「日本国」誕生の日

一 大宝元年正月元旦朝賀の儀式

「天皇、大極殿《だいごくでん》に御して朝を受けたまう。其の儀、正門に烏形幢《うぎょうどう》を、左に日像《じつぞう》青龍《せいりゅう》朱雀《すざく》の幡《ばん》、右に月像《げつぞう》玄武《げんぶ》白虎《びゃくこ》の幡を樹《た》つ。蕃夷の使者、左右に陳列す。文物の儀、是《ここ》に備われり」。『続日本紀』大宝元年（七〇一）正月元旦朝賀の儀式の記事である。わずか四十九文字の漢字で儀式の様子を伝えている。

元旦朝賀の儀式とは、元旦に天皇が貴族や官人、朝貢国の使者などから年賀を受け、天皇と臣下などとの関係を確認する即位式と並ぶ国家最重要の儀式であった。「蕃夷」とは新羅《しらぎ》の使者、そして服属した隼人《はやと》や蝦夷《えみし》のこと。大極殿院南門前の朝堂院《ちょうどういん》朝庭には、貴族や官人に混じって新羅からの使者や蝦夷・隼人なども左右に並んで、儀式に参列した。

これより先、文武《もんむ》元年（六九七）には持統《じとう》天皇が譲位して、文武天皇が即位する。文武天皇は祖母の持統上皇の指導の下、律令国家の建設を急ぎ、文武四年（七〇〇）には国の仕組みを律する大宝律令《たいほうりつりょう》の編纂事業が完成に近づく。

文武五年（七〇一）三月二十一日、対馬から黄金が献ぜられたのを機に「大宝」の元号が立てられる。最初の元号である。これ以前にも、『日本書紀』には、大化・白雉《はくち》・朱鳥《しゅちょう》の年号が見えるが、通用したものではない。「大宝」の元号は、今日の「令和」まで連綿として続く元号の始まりであった。そしてこの年、大宝律令が制定され、施行に移される。大宝律令は行政法の「令」とともに刑罰法の「律」を備えた日本最初の体系法典であった。

そして同年正月、遣唐使派遣が決定され、執節使に当代屈指の知識人・粟田朝臣真人《あわたのあそんまひと》が任命される。山上憶良《やまのうえのおくら》も録事《ろくじ》としてこの遣唐使に加わっている。天武《てんむ》朝以来、三十余年ぶりの唐との正式の外交の再開であった。この遣唐使は、「日本国」の国号を名のることを唐皇帝に正式に伝える任務を持った使節であり、翌年（七〇二）六月に筑紫《つくし》を出発する。『新唐書《しんとうじょ》』によると、大明《たいめい》宮《きゅう》の麟徳殿《りんとくでん》で則天武后《そくてんぶこう》の宴を受けた時、粟田真人の進退儀容が優れていたので、唐人は皆、感心し、大倭国は君子国だと誉めたという。粟田真人は慶雲元年（七〇四）七月一日に帰国する。

律令には、元旦朝賀や即位式などの大儀では、大極殿前に七本の幢幡《どうばん》を立てて儀式を行うよう定めている。七本の幢幡とは、銅烏像・日像・月像の三種の幢と朱雀・青龍・白虎・玄武の幡のことである。律令の施行細則を定めた『延喜式《えんぎしき》』（九二七年撰）には、元旦朝賀や即位式の大儀に際して幢幡を立てる規定が見え、七本の幢幡は二〇尺間隔で立て並べるよう定めている。七本の幢幡のほか、左右近衛府・左右兵衛府が龍尾道下などに龍像・鷹像、虎像・熊像の「とう」（鬼《おに》頭《がしら》）の幡などを立てる規定も見える。「とう」とは龍像などの幡の柱の頂にヤクの黒毛の尾または黒毛の馬の尾を被せたもので、後には苧《お》を黒く染めたものを用いるようになる。

実際、平城宮《へいじょうきゅう》や長岡《ながおか》宮では幢幡遺構が見つかっている。たとえば、平城宮後期大極殿の南前庭では、天応元年（七八一）の桓武《かんむ》天皇即位式で立てた幢幡の柱穴が七ヵ所発見されている。七つの柱穴は大極殿前の広場に東西に並んでおり、柱穴の大きさは東西四メートル、南北二メートルほどで、柱穴の中には幢幡の柱と二本の支柱の計三本の柱が埋め立てられていた。幢幡柱の間隔は七・五メートルつまり二五尺であり、七本の総長は約四五メートル（一五〇尺）となる。この長さは大極殿の間口とほぼ同長である。前期大極殿の上層にある西宮前殿前庭でも、称徳《しょうとく》天皇や法王道鏡《どうきょう》に対する朝賀・拝賀の儀式で立てた幢幡跡が発見されている。

文安元年（一四四四）に藤原光忠《ふじわらのみつただ》が書写した「文安御即位調度之図」には、即位式で立てる七本の幢幡図と説明がある。十二世紀頃の様子を描いたものとされる。七本の幢幡は、中央が銅烏幢（烏形幢）、その左（東）に日像幢、青龍幡・朱雀幡があり、右（西）に月像幢、白虎幡・玄武幡が立てられる。それぞれの幢幡の柱の高さは三〇尺（九メートル）とある。銅烏幢は、銅製蓮華座の上に長さ三尺五寸の大きさの三本足の烏像を据え、蓮華座からは七筋の玉飾を下げる。これを北向

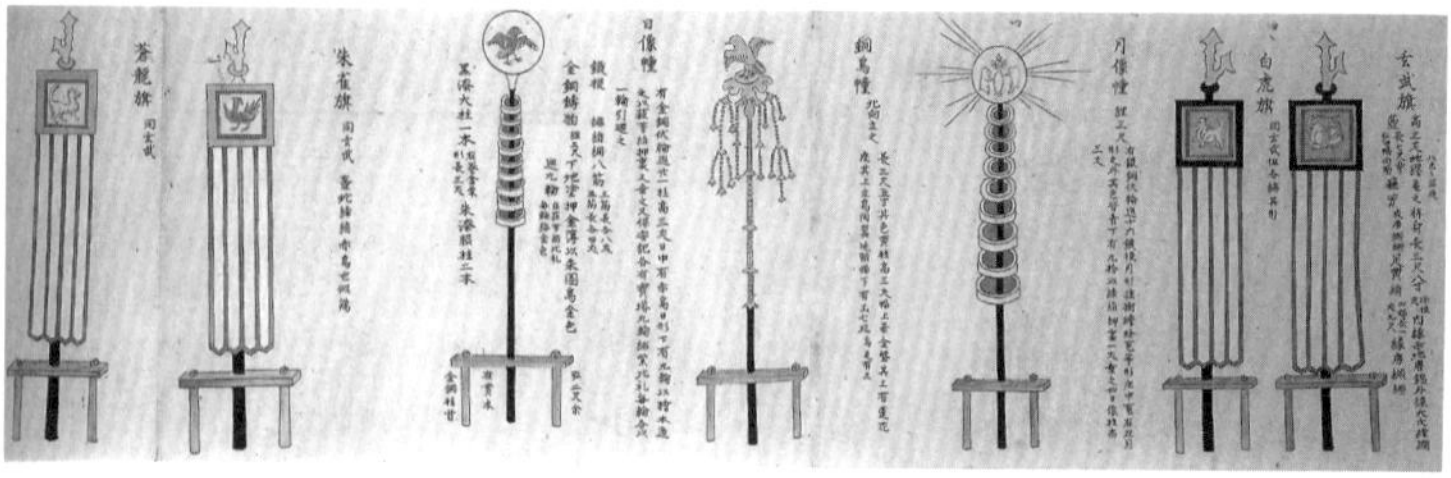

図１「文安御即位調度之図」に記された幢幡（神宮文庫所蔵）

図２「文安御即位調度之図」から復原した幢幡（奈良文化財研究所提供）

き、つまり大極殿に居る天皇に向けて立てる。柱の上部は金色で、所々に円盤がはめられており、下部は黒漆塗りである。

日像幢は、径三尺（九〇センチ）の金色の金銅製円盤の上に朱で三本足の烏が描かれる。円盤からは金銅《こんどう》伏輪二一本が外へ放射状に延びている。柱は黒漆塗りで、その上部に金色の九輪が並べられる。月像幢は径三尺の銀色の金銅製円盤の上に桂樹と蟾蜍《せんじょ》（ヒキガエル）、兎と壺とが描かれている。円盤からは一六本の銀銅伏輪が外へ放射状に出る。柱は黒漆塗りで、その上部には九輪が並べられている。

東側の青龍幡・朱雀幡、西側の白虎幡・玄武幡は、内縁に赤地の唐錦、外縁に繧繝《うんげん》で縁どりした四角い布の中にそれぞれ朱雀・青龍・玄武・白虎の四神《しじん》図を刺繡する。柱の先端には二又に分かれた高さ三尺八寸の矛を立て、四神図の下には長さ一丈九尺の四枚の布を垂れ下げる。朱雀図は朱色、青龍図は青色、白虎図は白色、玄武は黒色の刺繡で表わされる。

七本の幢幡の柱は両側に支柱を立て、支柱に幅二尺の貫板をはめ、貫板の中央にあけた穴に幢幡の柱を通して立てる。支柱や貫板は朱塗で、支柱の頭頂には金銅製の覆いを被せている。

江戸時代中頃の「御即位之図」には、紫宸殿《ししんでん》前で行われた即位式の模様が描かれており、七本の幢幡のほか、その東西対称位置に各五本以上の「とう」などの幡が立てられている。七本の幢幡は「文安御即位調度之図」のそれと共通している。元旦朝賀・即位の儀式の際に幢幡を立てる方法は、江戸時代中頃までほぼそのまま引き継がれていたのである。

令和元年（二〇一九）、皇居正殿に安置された高御座《たかみくら》で今上天皇の即位式が行われた。正殿前の広場には、その東西に「万歳」の幡、その東と西に正殿側から南へ一二本の幡が東西対称に立て並べられた。正殿に最も近い東側には金色の太陽の幡があり、頂には金色の「とう」が被せられる。そこから南へ一一本の菊花文を飾る幡が並び、柱の先端に矛が飾られる。西側の先頭には銀

図３　「高御座」（京都御所）

色で月を表した幡があり、頂に銀色の「とう」を乗せる。一一本の幡は東側と同様である。正殿前庭に並べられた幡には、古代即位式の名残がうかがえ、興味がそそられた。なお、高御座は古代以来の天皇の座の伝統をかなり忠実に受け継いでいることは言うまでもない。

さて、日月・四神の図像は古代中国の道教的な宇宙観に基づくものである。太陽の中の三本足の赤烏は説話に登場するし、月の中に描かれた桂樹・蟾蜍・兎は道教的な神仙《しんせん》思想に基づく図像であって、不老不死を象徴するものであった。兎は、杵と壺を使って不老長寿の妙薬を搗く姿を現している。蟾蜍についても古代中国の神話に以下のように見える。「羿《げい》が崑崙山《こんろんさん》に旅し、そこに住む西王母から不老不死の薬をもらった。羿の妻の嫦娥《じょうが》はその薬を盗み月に逃げ込んだ。悪事の報いで美女であった嫦娥は醜い蟾蜍の姿に変わった。

月面の蟾蜍のような陰影は嫦娥の姿である」と。

四神については、前漢の『淮南子《えなんじ》』「天文訓」には、東方の獣を蒼龍、南方を朱鳥、西方を白虎、北方を玄武とし、各方角を守る四神であり、中央に黄龍がいるとある。『説文《せつもん》』には、東西南北の方角の色彩を青・白・赤・黒、地を黄とするとある。

二　天皇称号と大極殿

ここで、「天皇」称号と「大極殿」の名前の由来について見ておこう。まず、律令の「公式《くしき》令《りょう》」には、詔書に「日本天皇」と明記するよう定めている。そして、「天子」は神祇を告げる時の称号、「皇帝」は華夷に対する称号と規定する。いずれも古代中国の政治思想を基にした称号である。天子・天皇は中国の周王朝の人びとの考えによる称号であって、周王は天界にある絶対神である天帝の子、つまり「天子」として、天帝の命令を受けて地上の統治を代行し、徳をもって地上を統括し、仁政を行う者とされた。「天皇」の称号は道教の最高神の「天皇大帝」(天帝)からとったもので、「天子」の称号と同じく、天命、すなわち天帝の命令を受けて人民を治める者という意味の称号である。日本での「天皇」称号は、天武天皇時代から定着する。

そして、古代中国では、地上界は天上界と同様の構造で、地上で起こる現象はすべて天上界のそれを反映したものとされた。「天子」の宮殿も同様であった。天子の宮殿の正殿は「太極殿《たいきょくでん》」と呼ばれた。それは、北天中央の「太極星」つまり北極星に基づく呼称で、「太極」は「天地万物の根源」を意味した。それは『易経《えききょう》』によるとされる。つまり、太極殿とは天帝の常居である北極星を地上に再現したものであったのである。

中国での太極殿の初見は魏の明帝《めいてい》の青龍三年（二三五）の記事である。魏の洛陽城正殿や唐長安城正殿、つまり皇帝による政治の正殿は「太極殿」と呼ばれた。

『日本書紀』によると、日本では、天武朝の飛鳥浄御原宮《あすかきよみがはらのみや》に「大極殿」の名が見えるが、本格的な大極殿は礎石《そせき》建ち瓦葺きの大陸様式の建築を採用した本格的宮殿である藤原宮《ふじわらのみや》で成立する。藤原宮大極殿は壮麗な宮殿建築であって、それは古代中国の宮殿の「太極殿」に倣ったものであった。大極殿は藤原宮の中心に建設されており、宇宙の中心に位置することを象徴するものであった。

礎石建ち瓦葺きの大極殿は、天皇の表向きの政治・儀式の正殿であって、天皇が出御して即位式や元旦朝賀の儀式、外国使節の接見など国家の最重要の行事が挙行される建物であった。大極殿を舞台に行われる政治・儀式は、天皇の権威と国家の威厳を示し、君臣の秩序を確認する性格のものであった。

烏、日月、四神の幢幡は、中国の道教的な世界観である「陰陽五行説《いんようごぎょうせつ》」に基づくものである。

陰陽五行説とは、陰陽・五行の消長によって、天地の変異、災祥、人事の吉凶を説明する。日月は陰陽であり、四神は五行の木・火・金・水にあたる。中央の三本足の烏像は土であり、その色は黄色である。烏像は神武《じんむ》天皇東征説話に見える八咫烏《やたがらす》とどう関係しているのか明らかではないが、それは地の中心を示すものであり、天皇の象徴でもあったのであろう。七本の幢幡は陰陽が調和し、五行が正しく循環することを願って立てたものであった。

このように、天帝に擬された古代の天皇は中国の道教的な宇宙観である陰陽五行説に基づいて、天帝の住まいに擬《なぞら》えた大極殿で、元旦朝賀の儀式や即位式など国家の最重要の政治儀式を行う。すなわち、天皇による統治思想は、中国の道教的な陰陽五行説を根幹とするものであったのである。

先年、藤原宮大極殿院南門前の朝堂院朝庭で、大宝元年元旦朝賀の儀式で立てた幢幡の大型柱穴七基が発見された。柱穴は藤原宮の中軸線、つまり大極殿・大極殿院南門の中軸線上に一基、その北方の東西対称位置に三基ずつ三角形に配置されていた。中軸線上の柱は、大極殿院南門基壇から南へ二〇㍍《メートル》、東西方向では第一堂朝堂の北側柱列の延長線上に位置した。柱穴は一辺二㍍《メートル》ほどの方形状で、深さは一・三㍍《メートル》ほど。柱は一本だけが立っており、支柱はともなっていない。柱は儀式終了後、抜き取られている。外側の柱穴間の東西距離は三四・三㍍《メートル》で、それは大極殿院南門の東西規模と同じである。朝庭は全面礫敷で整備されており、幢幡を立てる柱穴は礫敷を施

図4　藤原宮朝堂院発見の幢幡跡（奈良文化財研究所提供）

した後に掘り込まれていた。

なお、平城宮や長岡宮では、七本の幢幡は大極殿前に東西一直線に立て並べられており、『延喜式』も大極殿前に一直線に並べるよう定めている。幢幡の並べ方は、平城宮遷都後、東西一列に並べるように定式化したようである。

さて、高松塚《たかまつづか》古墳・キトラ古墳の壁画は、天井に北極星座群を中心とした天文図・星座図が描かれ、その両脇や側壁上部に日月図があり、側壁に四神図が描かれている。これらの図は元旦朝賀の儀式や即位式で立てる七本の幢幡の図像と共通することが注目される。

古代中国では、遅くとも漢代の壁画墓には、星座と四神図が描かれている。最古の

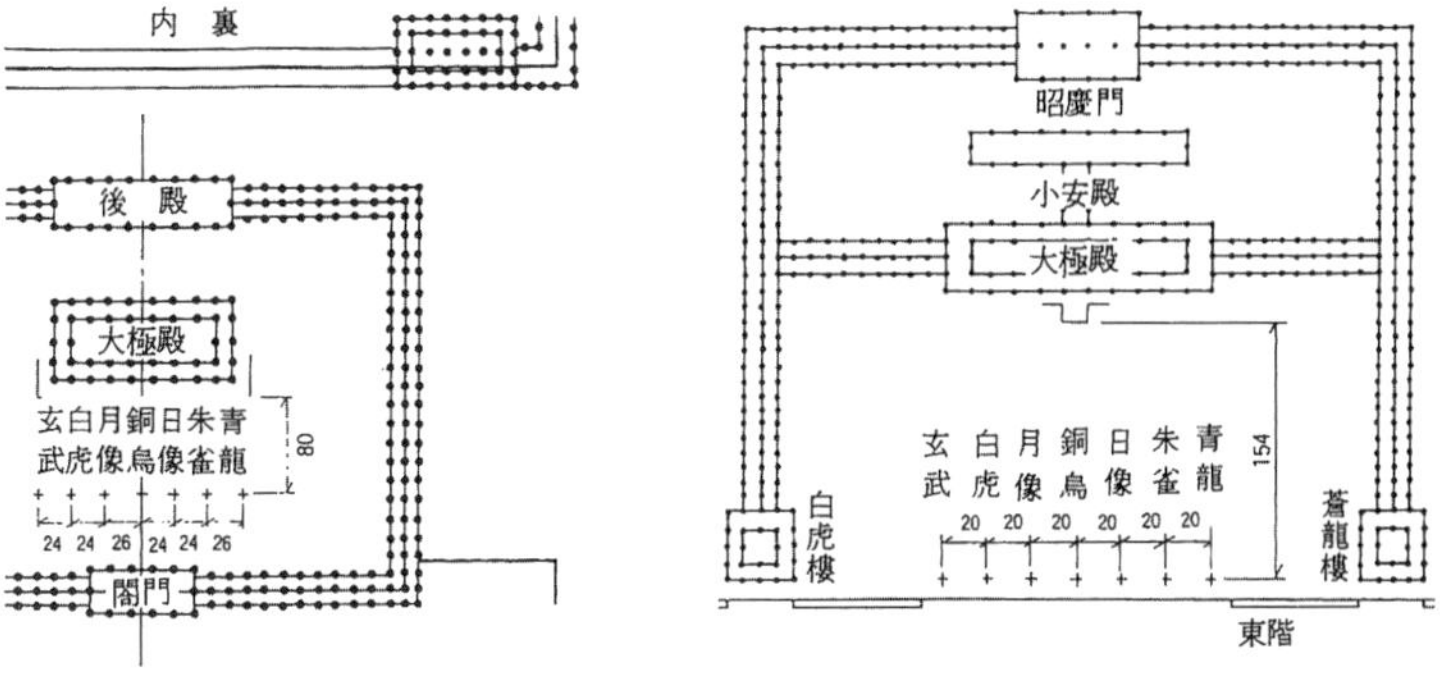

左：平城宮、右：平安宮（延喜式） 単位尺

図5 7基の宝幢とその位置

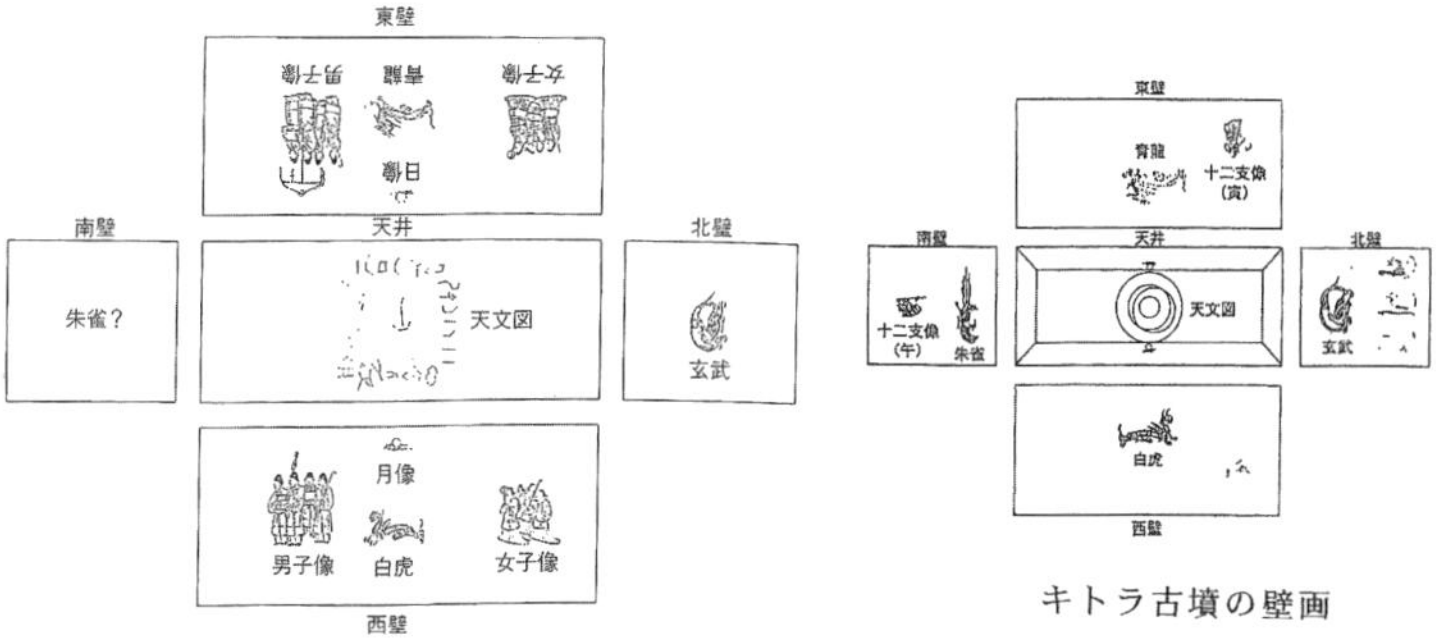

高松塚古墳の壁画

キトラ古墳の壁画

図6 高松塚古墳・キトラ古墳発見の壁画

二十八宿図は紀元前五世紀まで遡り、各方向の七宿は青龍・玄武・白虎・朱雀にあてられており、四神は、もともとは天界の四方の守り神であった。四神図は次第に下方に移り、二十八宿図としてではなく、墓室の壁面に描かれるようになる。唐代壁画墓では、墓室天井に星宿《せいしゅく》図・日月図、墓道の側壁に四神図が大きく描かれており、日像には三本足の烏が、

月像には桂樹と仙薬を搗く兎、蟾蜍が描かれている。

同様の壁画を描く風習は中国から高句麗《こうくり》・百済《くだら》・新羅、そして日本へと伝えられた。とくに高句麗では四世紀から七世紀初頭にかけて壁画古墳が発達し、一〇〇基以上が確認されている。四世紀から五世紀初頭には、人物風俗図・日月星辰図が盛行し、五世紀前半から六世紀後半にはこれに四神図が加わり、六世紀後半から七世紀初頭には四神図が主流となる。たとえば、集安《しゅうあん》にある六世紀後半の四神塚では、横穴式石室の天井石に北斗七星、天井部の東面に日像、西面に月像、側壁には四神図が大きく描かれており、日像には三本足の烏、月像には蟾蜍の図像が描かれている。

百済でも六世紀前半から七世紀の王陵石室内に、天井に星、四壁に四神図が大きく描かれている。ただ、発見例は二例のみである。新羅でも壁画古墳は極めて少ない。

高松塚古墳・キトラ古墳壁画の内容と構成は、元旦朝賀の儀式、即位式で立てる七本の幢幡の図像と共通する。天井には北極星座群を中心として天文図・星座図が描かれ、その両脇や側壁上部に日月図があり、側壁に四神図が描かれている。両古墳の壁画は、古代中国の陰陽五行説に基づく図像であって、天地の秩序が整い、地上の統治が正しく永遠に続いて循環することを願い描かれたものと言うことができる。

天皇を頂点とする律令制中央集権国家は、大宝律令の編纂・施行、律令に基づく中央・地方の政治・社会制度、税制、日本国号、天皇称号、元号制、儀式制度、唐・新羅との外交が整備されるとともに、その天皇政治を実現する舞台として「大極殿」に象徴される本格的な宮殿・藤原宮と条坊制都城・新益京が建設されることで確立へと向う。こうした政治を牽引する思想・制度や宮殿・都城は、多く古代中国制を取り入れたものであったのである。

大宝元年という年は、本格的宮殿と都城を完成させ、体系法典「大宝律令」を編纂し、天皇を頂点とする律令制による中央集権国家「日本国」を作り上げた画期的な年であった。この年の元旦朝賀の儀式は、新時代の幕開けを高らかに宣言するかの如く盛大なものであったのである。

藤原宮大極殿南門前での幢幡跡の発見、そして高松塚古墳・キトラ古墳の壁画によって、古代国家「日本国」が飛鳥・藤原の地で誕生した頃の政治や思想、文化、国際交流の様子が伝わってくる。国家誕生の時が、眼前に浮かびあがってくる思いがする。

【初出】「「日本国」誕生の日」(『飛鳥乃風たより』第二四号、二〇二〇年)。

主な参考文献

木下正史・佐藤信編『古代の都1　飛鳥から藤原京へ』（吉川弘文館、二〇一〇年）
木下正史『日本古代の歴史1　倭国のなりたち』（吉川弘文館、二〇一三年）
篠川　賢『日本古代の歴史2　飛鳥と古代国家』（吉川弘文館、二〇一三年）
豊島直博・木下正史編『ここまでわかった飛鳥・藤原京』（吉川弘文館、二〇一六年）
松浦晃一郎ほか編著『飛鳥・藤原の宮都を世界遺産に』（ブックエンド、二〇一九年）
今尾文昭編『飛鳥への招待』（中央公論新社、二〇二一年）

著者略歴
一九四一年　東京都に生まれる
一九六九年　東京教育大学大学院文学研究科修士課程修了
現在、東京学芸大学名誉教授

〔主要編著書〕
『古代日本を発掘する1　飛鳥藤原の都』（共著、岩波書店、一九八五年）
『地中からのメッセージ　飛鳥・藤原の都を掘る』（吉川弘文館、一九九三年）
『古代の都1　飛鳥から藤原京へ』（共編、吉川弘文館、二〇一〇年）
『日本古代の歴史1　倭国のなりたち』（吉川弘文館、二〇一三年）
『古代の漏刻と時刻制度―東アジアと日本―』（吉川弘文館、二〇二〇年）

飛鳥・藤原の歴史と遺産　上
宮都の建設と生活

二〇二五年（令和七）二月一日　第一刷発行

著　者　木《きの》下《した》正《まさ》史《し》
発行者　吉川道郎
発行所　株式会社　吉川弘文館
郵便番号一一三―〇〇三三
東京都文京区本郷七丁目二番八号
電話〇三―三八一三―九一五一〈代表〉
振替口座〇〇一〇〇―五―二四四
https://www.yoshikawa-k.co.jp/
組版＝文選工房
印刷＝藤原印刷株式会社
製本＝株式会社 ブックアート
装幀＝黒瀬章夫

ISBN978-4-642-08470-3

ここまでわかった飛鳥・藤原京　倭国から日本へ

豊島直博・木下正史編　　四六判・二五六頁／二四〇〇円

古代史の舞台を解明する発掘が続けられている飛鳥・藤原の地。王宮・王都、都市陵墓、寺院、木簡、古代朝鮮の都城など、さまざまなテーマを論じた日本考古学協会シンポジウムの記録。これからの課題を整理・展望する。

飛鳥史跡事典

木下正史編　　四六判・三三六頁／二七〇〇円

「日本国」誕生と古代〝文明開化〟の舞台、飛鳥・藤原の地。宮殿・寺院・陵墓の史跡など約一七〇項目を、歴史的事件や関連人物とともに解説。史跡巡りのコースや展示施設も紹介するなど、歴史探訪に必携のハンドブック。